„Stolzer Leib! Herrlicher Geist, Hort der Schönheit! Fassen und Fühlen, Schwimmen in Seligkeit, untertauchen in ihr, Küssen, Beten, Versinken, alles hast Du mich gelehrt, und nur in Dir hab' ich's begriffen."

(Bettina von Arnim an Johann Wolfgang von Goethe, 1825)

Werner Bockholt · Frank Buchholz

Goethes erotische Liebesspeisen

Ein literarisches Kochbuch

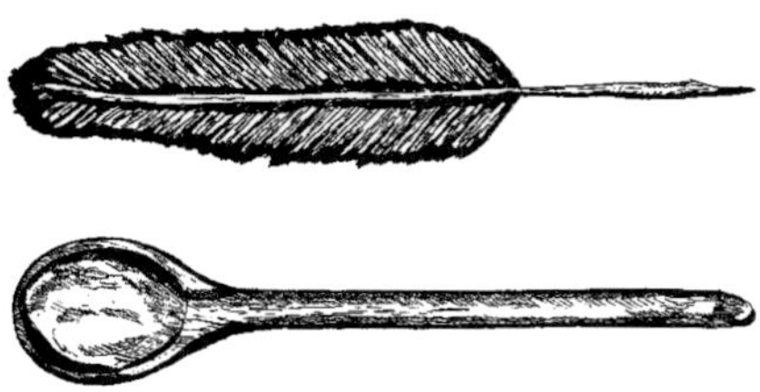

SCHNELL Warendorf

SCHNELL Buch & Druck
Warendorfer Lieblingsbücher

Impressum

Werner Bockholt · Frank Buchholz

Goethes erotische Liebesspeisen
Ein literarisches Kochbuch

Oststraße 24 · 48231 Warendorf

Umschlaggestaltung und Zeichnung:
Marlena Reken

Herstellung
SCHNELL Buch & Druck GmbH
Waterstroate 16 · 48231 Warendorf

Warendorf, 1997

ISBN 3-87716-854-x

Inhaltsverzeichnis

Ein Vorwort

Johann Wolfgang von Goethe gilt als einer der bedeutendsten europäischen Schriftsteller. Aber eigentlich war er viel mehr: er war Jurist und Geheimer Rat, Minister und Theaterdirektor, Literaturkritiker und Naturwissenschaftler, Bibliotheksdirektor und Kunstsammler und und und ...

Was jedoch als ziemlich abwegig erscheint, ist ein Versuch, Goethe zum Koch zu machen. Denn die Eierkuchen, die er sich gelegentlich herstellte, oder die Forellen, die er in Weimar in der Ilm fing und anschließend grillte, die eigene Salatsauce, die er konzipierte, die poetische Anleitung, wie Artischocken zu essen seien, reichen beileibe nicht aus, um Goethes Kochfertigkeiten und -kenntnisse in einem eigenen Kochbuch würdigen zu müssen.

Dennoch gab es bei Goethe eine Art sinnliche Begeisterung für gutes Essen und Trinken. Er war Gourmet und Genießer. Dieses läßt sich besonders in seinen Briefen, aber auch in den zahlreichen schriftlichen Zeugnissen der Zeitgenossen nachvollziehen.

Und da Speisen und Getränke, wenn man sie mit allen Sinnen erleben will, einen kultivierten geselligen Rahmen brauchen, den sich Goethe immer wieder zu verschaffen wußte, was liegt dann näher, als ein literarisches Kochbuch zu entwickeln, das die sinnliche Komponente bei Goethe und seinem Eß- und Trinkverhalten betont.

Das vorliegende Kochbuch versucht, eine Verbindung in dem Dreieck herzustellen: Goethe selbst, Essen und Trinken als kulinarischer Genuß sowie den Frauen, die in Goethes Leben von maßgeblicher Bedeutung waren und durch ihre Anwesenheit und ihre Teilnahme beim Speisen zur sinnlichen Inspiration beitrugen und ihn beflügelten.

Dabei orientieren sich die hier entwickelten Speisen und Getränke einerseits an den historisch belegbaren Begegnungen mit den jeweiligen Frauen, sind jedoch andererseits in recht freier Inspiration entwickelt und gestaltet worden.

Dazu schreibt Frank Buchholz, der feinfühlig die Rezepte entwickelt hat:

„Ich wünschte, ich wäre kein Koch. Ich wünschte, Kochen wäre ein leidenschaftliches Hobby, aber es ist eine Besessenheit. Mich hat der Virus in Tautris erwischt, und er ist tödlich. Ich träume immer vom Essen - Gerüche, Geschmack, Beschaffenheit. So kommen Gerichte wohl zu mir.

Alle diese Ideen dampfen in meinem Hirn herum wie alte Kohlblätter im Kompost, und eines Tages macht es „klick", und sie verwandeln sich in wundervolle Gerichte. Wir haben Höhen, Schönheit hat Höhen, alles hat Höhen und fällt dann ab, fällt auseinander oder fängt an, zu faulen und sich zu versetzen.

Wissen Sie, was die einzige Zutat in meiner Küche ist, die ich nicht besitze? Zeit. Ich frage mich manchmal, was ich alles erreichen könnte, wenn ich sie hätte. Meine Speisekarte hat sich nicht allein aus meinem Talent entwickelt, sondern aus dem meiner Mannschaft und der Zeit, die uns zur Verfügung steht."

Die im literarischen Teil *kursiv* gesetzten Gerichte erscheinen ausführlich mit Rezeptur und Zubereitungshinweisen jeweils auf den folgenden Seiten. Die Rezepturen sind für zwei bzw. vier Portionen erstellt.

Vom Genuß des Essens, von Sinnesfreuden, Liebesbeziehungen und aphrodisischen Speisen. Eine Einleitung

Essen und Trinken bei Goethe war nicht nur pure Nahrungsaufnahme und die Befriedigung eines menschlichen Grundbedürfnisses, sondern es war viel mehr und ging weit darüber hinaus. Essen und Trinken muß bei Goethe als Form des Genusses bezeichnet werden. Das zeigt sich darin, daß Goethe bei der Auswahl seiner Speisen und Getränke sehr wählerisch war. Und dieses ist in einer Zeit, in der es ausgesprochen schwierig war, Nahrungsmittel zu beschaffen, erstaunlich. So gab es bei Goethe eine umfangreiche Briefkorrespondenz, die sich mit der Beschaffung von Lebens- und Genußmitteln befaßte. Goethe bezog beispielsweise aus Hamburg Fische und Schinken, aus Bremen Wein aus Frankreich und Champagner, sein Freund Zelter schickte Teltower Rübchen aus Berlin, aus Goethes Geburtsstadt Frankfurt kamen Schlachtpakete, Würste, aber auch edles Backwerk. Den Dichter kann man durchaus als „Gourmet" bezeichnen, sofern diese Bezeichnung für das ausgehende 18. und beginnende 19. Jahrhundert bereits gewählt werden kann. Darüber hinaus war Goethe auf Grund seiner sozial herausgehobenen Lage, seiner finanziellen Möglichkeiten und seiner gesellschaftlichen Bindungen auch jederzeit in der Lage, Genußmittel zu besorgen und zu verzehren, die weiten Kreisen der Bevölkerung vorenthalten und weitgehend unbekannt blieben.

Goethe war ein sinnlicher Mensch, der alle Lebensbereiche bewußt und offen wahrnahm und verarbeitete. Diese Sinnesfreuden beziehen sich auch auf den Bereich des Essens und Trinkens. Er war nicht Selbstzweck, sondern für Goethe war wichtig, daß die Tafel schön gedeckt, daß Freunde und interessante Menschen zugegen waren und daß das Speisen die Kommunikation begleitete, förderte, inspirierte, Geselligkeit schuf, Tischkultur repräsentierte und der Beziehung zu Frauen, vor allem, wenn sie schön, attraktiv und anziehend waren, dienlich war. Dieses gilt natürlich besonders für die Frauen, die Goethe liebte und deren Nähe er suchte und fand.

In Goethes Haus in Weimar am Frauenplan war Goethes Tafel bekannt und beliebt. Hier trafen sich nicht nur die adligen Mitglieder des Weimarer Hofes, sondern viele berühmte Zeitgenossen wie Wieland und Herder, Schiller und v. Humboldt gaben sich ein Stelldichein.

Dabei konnte das Eß- und Trinkverhalten von Goethe durchaus auch bescheiden sein. Er hatte einen festen Tagesplan, in den die Mahlzeiten eingebaut waren.

„Er war ein Frühaufsteher, der für gewöhnlich um 6 Uhr morgens aufstand (in Karlsbad, wie er Christiane schreibt, sogar schon um 5 Uhr), und als erstes Frühstück Kaffee und Mineralwasser, zuweilen auch Schokolade oder Fleischbrühe zu sich nahm. Üppiger fiel dann das zweite Frühstück um 10 Uhr aus mit kaltem Braten und einer halben Flasche Madeira. Zum Mittagessen - um 13 oder 14 Uhr - trank er für gewöhnlich eine ganze Flasche Wein, selten weniger, zuweilen sogar noch mehr. Besuchte er das Theater, so ließ er sich Punsch in seine Loge bringen, dem er kräftig zusprach. Sonst wurde ihm gegen Abend in seinem Arbeitszimmer der Abendwein serviert, meist eine Flasche; in geselliger Runde blieb es aber bei dieser einen nicht. Ein Tageskonsum von drei Flaschen Wein war zwar nicht die Regel, aber auch nicht unbedingt selten." (E. Kleßmann, Christiane, S. 140)

Wenn jedoch hoher Besuch an die Tafel kam oder attraktive Frauen auftauchten, wurde schon mal üppiger aufgetischt.

„Goethe, der von sich behauptete, daß er im Leben neunmal, zehnmal leidenschaftlich geliebt habe, hatte unterschiedliche Beziehungen zu sehr unterschiedlichen Frauen, wie beispielsweise zur zutraulichen Käthchen Schönkopf, zur anmutigen Friederike Brion, zur bildhübschen Lilli Schönemann, zur seelenverwandten und inspirierenden Charlotte von Stein, zur sinnlichen und natürlichen Christiane Vulpius..." (E. Schulte Huxel, Was Sie schon immer..., S. 137)

Dabei erlebte Goethe die Facetten, die Breite und Tiefe der Liebe recht unterschiedlich. Spielten bei Käthchen Schönkopf in Leipzig noch die Sehnsucht und Eifersucht eine zentrale Rolle, so erlebte Goethe bei Lilli Schönemann eine prickelnde Erotik, bei Charlotte von Stein die Sinnesfreuden, bei Christiane Vulpins einfache sinnliche Lust. Dagegen stehen etwa Bettina Brentano oder Sophie von Kalb, die „groupiehaft" Goethe anhimmelten und denen sich Goethe eher zur Wehr setzen mußte.

Eine Auffälligkeit besteht jedoch darin, daß bei Goethe gutes Essen und attraktive Frauen zusammengehörten. Dieses galt nicht nur für Gesellschaften, die an seiner Tafel versammelt waren, sondern mehr noch für die Frauen, zu denen Goethe eine Liebesbeziehung hatte. Es kann kein Zufall sein, daß Goethe in Leipzig Käthchen Schönkopf beim Essen kennenlernte, daß Friederike Brion in Sesenheim beim Essen die besten Fleischstücke für Goethe heraussuchte. Oder in Weimar: Die Beziehung zwischen Goethe und Charlotte von Stein kann man auch als eine kulinarisch-erotische bezeichnen, denn das gemeinsame Essen, vor allem mit Spargel und Erdbeeren, bildete eine wichtige Facette ihrer Beziehung. Aber auch Goethes Verhältnis zu Christiane, seiner späteren Ehefrau, wurde entscheidend von der liebevollen Besorgung der Zutaten und hingebungsvollen Zubereitung des Essens bestimmt.

Goethe war dabei nicht nur derjenige, der sich an die gedeckte Tafel setzte, sondern er trug vor allem durch seine organisatorischen Fähigkeiten dazu bei, erlesene, zum Teil exotische Früchte, frisches Wildpret, seltenes Gemüse, Kaviar oder edlen französischen Wein und Champagner zu organisieren.

Bekannt ist auch, daß Goethe gärtnerische Fähigkeiten hatte, die sich vor allem in seinen botanischen Studien beim Spargelanbau verdeutlichen. Was wäre etwa die Beziehung zu Charlotte von Stein ohne die dauernden Spargellieferungen und die Selbsteinladungen zum Abendessen zu zweit? Fast schon leitmotivisch zieht sich der Spargel durch das Verhältnis mit Charlotte.

Dabei halfen auch die Frauen entscheidend mit, Goethes Beziehung zum Essen zu verfeinern. So ist beispielsweise bekannt, daß Goethe, als er nach Weimar kam, Schokolade, ein höchst seltenes und kostspieliges Genußmittel, ablehnte. Erst Charlotte von Stein, aus welchen Gründen auch immer, machte Goethe zum „Schoko-Freak" („Danke für die Schokolade, von Ihren Händen nehm ich auch wohl was schädlich ist." 2.8.1778).

Auffällig ist zudem, daß Goethe eine Vorliebe für Nahrungs-

und Genußmittel hatte, denen eine angebliche aphrodisische Wirkung nachgesagt wird. Nicht von ungefähr gehörten Artischocken, Feigen, Portwein und Champagner zu seinen Lieblingsspeisen und -getränken.

Ob diese Wirkung Goethe bekannt war, ist nicht belegt, dennoch ist schon verwunderlich, daß, wenn bei Goethe Frauen ins Leben traten, in die er sich unsterblich verliebte, auch Speisen und Getränke wie *Austern*, Artischocken, Kaviar, *Fasan* und Rebhuhn, Champagner und Erdbeeren auf den Tisch kamen.

Dabei wird die sinnlich erotische Stimulans wohl weniger von den zubereiteten Gerichten als vielmehr von den Frauen, mit denen Goethe jeweils zusammen speiste, ausgegangen sein. Vielleicht war es ja auch die Kombination, die bei Goethe alle Sinne ansprach und Leidenschaften weckte.

Die sinnlich stimulierende Wirkung der Speisen und Getränke, die Goethe mit der Angehimmelten verzehrte, wurde jedoch in vielen Situationen dadurch abgemildert, daß es bei Goethe des öfteren vorkam, daß eine, wenn man so will, intime Zweisamkeit sich nicht herstellen lassen wollte. Bei Friederike Brion war in der Regel die gesamte Familie anwesend, bei Charlotte von Stein die Kinder oder, was noch schlimmer war, der Ehemann, bei Ulrike von Levetzow die neugierigen Schwestern und die vorsichtige Mutter. Außerdem hatte in Weimar der Herzog Carl August die unglaubliche Fähigkeit, immer dann bei Goethe hereinzuplatzen, wenn die aphrodisischen Speisen auf dem Tisch standen und es zwischen dem verliebten Goethe und der angebeteten Dame spannend wurde und es zu kribbeln begann.

Auf der anderen Seite gab es trotz solcher unvorhersehbaren Enttäuschungen bei Goethes Damenbekanntschaften Frauen und Mädchen, die Austern, Artischocken und Champagner weniger in ihre leidenschaftliche Zuneigung einbauen, sondern lieber sofort „zur Sache" kommen wollten. Hierzu gehörte zweifelsohne die aufdringliche unersättliche Bettina von Arnim, die ohne Umschweife Goethe klarzumachen versuchte, um was es ihr ging. („Nun flog ich ihm an den Hals. Er zog mich aufs Knie und schloß mich ans Herz. Still, ganz still war's, alles verging. Ich hatte so lange nicht geschlafen. Jahre waren vergangen in Sehnsucht nach ihm. Ich schlief an seiner Brust ein. Und da ich aufgewacht war, begann ein neues Leben.")

Es gab aber auch eine Fülle von Gelegenheiten, bei denen Goethe sich ungestört voll und ganz seiner Dame auch kulinarisch widmen konnte. Daß Liebe de facto durch den Magen geht und Gefühle der Liebe durch gutes anregendes Essen und ausgewählte Getränke stimuliert und beflügelt werden, trifft in besonderer Weise für Goethe zu. Bei fast allen Frauen, denen Goethe in Liebe verfiel, bewirkte auch das gemeinsame Essen eine emotionale Vertiefung der Beziehung. Dabei war das Essen und Trinken wichtiger begleitender Bestandteil der Liebe.

Das vorliegende Kochbuch „Goethes erotische Liebesspeisen" stellt im literarischen Teil Episoden aus Goethes Leben dar, in denen Essen und Trinken und die Begegnung mit faszinierenden Frauen verschmolzen werden. Zahlreiche Frauen, die in Goethes Biographie eine zentrale Rolle spielten, werden unter dem Blickwinkel der kulinarischen Aspekte, soweit das aus der historischen Distanz und der Quellenlage machbar ist, in ihrer Beziehung zu Goethe schlaglichtartig vorgestellt.

Aus diesen Begegnungen, denen neben der sinnlich-erotischen Komponente immer auch, in Beziehung dazu, die kulinarische Beziehung zu eigen war, sind aus den vorgegebenen Speisen und Produkten die Rezepte abgeleitet worden, die auf der einen Seite den historisch-biographischen Bezug aufrechterhalten wollen, auf der anderen Seite aber auch auf gegenwärtige Bedürfnisse abgestimmt wurden und unter Berücksichtigung der aphrodisischen Wirkung der Speisen, sofern man daran glaubt, einen sinnlichen Genuß versprechen.

Die Rezepte, die in den jeweiligen biographischen Kontext eingeordnet wurden, sind, sofern nicht anders vermerkt, natürlich für jeweils zwei Personen konzipiert.

Die Rezepte sind leicht nachzukochen und erlauben es, sich in Goethes Welt hineinzuversetzen und das sinnenfreudige Lebensgefühl, wie es Goethe und seine jeweiligen Geliebten erlebten, transparent zu machen, zu spüren und nachzuempfinden, aber auch durch das Nachkochen, Anrichten und den Verzehr der Gerichte mit dem Geliebten/ der Geliebten sinnliche Stunden zu verbringen.

Austern in der Bananenkruste mit Churrysauce

Für 2 Personen
4 Austern
etwas Mehl
1 große Banane
3 Eßlöffel Mandelgrieß
2 Eigelb
Churrypulver
3 Eßlöffel geschlagene Sahne
Butter
1 kg Kürbisgemüse

*

Die Austern ausbrechen und leicht in Mehl wenden.

*

Die Banane pürieren, mit Mandelgrieß, Eigelb und etwas Churrypulver vermischen, die geschlagene Sahne unterheben.

*

Die Austern darin wenden und in Butter braten.

*

Danach die gebratenen Austern mit dem Kürbisgemüse und der Churrysauce auf vorgewärmten Tellern anrichten und servieren.

Fasan mit Trauben

Für 2 Personen
1 großer Fasan
Salz
2 Weinblätter, frisch abgekocht oder aus dem Glas
100 g kernlose Trauben
4 cl Muskateller (Weißwein)
40 g Butter
80 g Fasanenleber
4 cl Madeira
0,1 l Muskateller (Weißwein)
0,15 l braunen Geflügelfond
60 g Butter

*

Den Fasan ausnehmen, abflämmen und salzen.
Die Weinblätter in feine Streifen schneiden.
Die Trauben in 4 cl Muskateller erhitzen.
Madeira und Weißwein kurz ankochen, den Geflügelfond zugeben und auf die Hälfte reduzieren.
Abschrecken und mit der kalten Butter binden.

*

Fertigstellung
Den Fasan bei 220 Grad im Ofen mit 40 g Butter circa 9-12 Minuten braten.
Brüste und Keule lösen.
In einer heißen Pfanne ohne Fett die gewürfelte Wachtelleber kurz ansautieren.

*

Die Weintrauben und Weinblätter in der Sauce kurz ziehen lassen.
Die Fasanenbrüste auf vorgewärmten Tellern anrichten, die Fasanenleber darüber verteilen und das Gericht mit der Sauce überziehen.
Als Beilagen eignen sich Spitzkohl und Schwarzwurzeln.

Goethe und Gretchen: Ein Frankfurter Picknick- und Schmausgelage für junge Verliebte

In Goethes „Dichtung und Wahrheit" wird vom Autor seine erste Verliebtheit zu einem Mädchen namens Gretchen geschildert. Über das Kennenlernen, das im Jahr 1764 erfolgte, Goethe war gerade 15 Jahre alt, schreibt er selbst: „Bei unserer Ankunft stand bereits der Tisch reinlich und ordentlich gedeckt, hinreichender Wein aufgestellt; wir setzten uns und blieben allein, ohne Bedienung nötig zu haben. Als es aber doch zuletzt an Wein gebrach, rief einer nach der Magd; allein statt derselben trat ein Mädchen herein von ungemeiner und, wenn man sie in ihrer Umgebung sah, von unglaublicher Schönheit. ‚Was verlangt ihr?' sagte sie, nachdem sie auf eine freundliche Weise guten Abend geboten; ‚die Magd ist krank und zu Bette. Kann ich euch dienen?' - Es fehlt an Wein, sagte der eine. Wenn du uns ein paar Flaschen holtest, so wäre es sehr hübsch. - Tu es, Gretchen, sagte der andre, es ist ja nur ein Katzensprung. - „Warum nicht!" versetzte sie, nahm ein paar leere Flaschen vom Tisch und eilte fort. Ihre Gestalt war von der Rückseite fast noch zierlicher. Das Häubchen saß so nett auf dem kleinen Kopfe, den ein schlanker Hals gar anmutig mit Nacken und Schultern verband. Alles an ihr schien auserlesen, und man konnte der ganzen Gestalt um so ruhiger folgen, als die Aufmerksamkeit nicht mehr durch die stillen treuen Augen und den lieblichen Mund allein angezogen und gefesselt wurde. Ich machte den Gesellen Vorwürfe, daß sie das Kind in der Nacht allein ausschickten; sie lachten mich aus, und ich war bald getröstet, als sie schon wiederkam: denn der Schenkwirt wohnte nur über die Straße. - Setze dich dafür auch zu uns, sagte der eine. Sie tat es, aber leider kam sie nicht neben mich. Sie trank ein Glas auf unsre Gesundheit und entfernte sich bald, indem sie uns riet, nicht gar lange beisammen zu bleiben und überhaupt nicht laut zu werden: denn die Mutter wolle sich eben zu Bette legen. Es war nicht ihre Mutter, sondern die unserer Wirte.

Die Gestalt dieses Mädchens verfolgte mich von dem Augenblick an auf allen Wegen und Stegen: es war der erste bleibende Eindruck, den ein weibliches Wesen auf mich gemacht hatte; und da ich einen Vorwand, sie im Hause zu sehen, weder finden konnte noch suchen mochte, ging ich ihr zuliebe in die Kirche und hatte bald ausgespürt, wo sie saß; und konnte ich während des langen protestantischen Gottesdienstes mich wohl satt an ihr sehen. Beim Herausgehen getraute ich mich nicht, sie anzureden, noch weniger sie zu begleiten, und war schon selig, wenn sie mich bemerkt und gegen einen Gruß genickt zu haben schien. Doch ich sollte das Glück, mich ihr zu nähern, nicht lange entbehren."

Die Zuneigung zu Gretchen ging bei Goethe so weit, daß er bereits Eifersucht empfand. Daß sie als Aushilfe bei einer Putzmacherin arbeitete, behagte Goethe überhaupt nicht. „(...) nur wollte es mir nicht recht gefallen, das hübsche Kind in einem öffentlichen Laden und an einem Orte zu wissen, wo die galante Welt gelegentlich ihren Sammelplatz hatte. Doch ließ ich mir nichts merken und suchte meine eifersüchtige Sorge im stillen bei mir zu verarbeiten."

In einer, heute würde man sagen, Clique, wurden in und um Frankfurt zahlreiche Unternehmungen gestartet. Dazu gehörte beispielsweise eine Fahrt mit den Höchster Marktschiff:

„Eine der unschuldigsten und zugleich unterhaltendsten Lustpartien, die ich mit verschiedenen Gesellschaften junger Leute unternahm, war, daß wir uns in das Höchster Marktschiff setzten, die darin eingepackten seltsamen Passagiere beobachteten und uns bald mit diesem, bald mit jenem, wie uns Lust oder Mutwille trieb, scherzhaft und neckend einließen. Zu Höchst stiegen wir aus, wo zu gleicher Zeit das Marktschiff von Mainz eintraf. In einem Gasthofe fand man eine gutbesetzte Tafel, wo die besseren der Auf- und Abfahrenden miteinander speisten und alsdann jeder seine Fahrt weiter fortsetzte; denn beide Schiffe gingen wieder zurück. Wir fuhren dann jedesmal nach eingenommenem Mittagessen hinauf nach Frankfurt und hatten in sehr großer Gesellschaft die wohlfeilste Wasserfahrt gemacht, die nur möglich war."

Über die Aktivitäten dieser „Jugendgruppe" berichtet G. H. Lewes:

„Goethe hatte sein Talent zum Versemachen zu verwerten gewußt, indem er Hochzeits- und Leichencarmina lieferte, welche, der Sitte jener Zeit gemäß, sehr begehrt waren. Das dafür erhaltene Geld war in Zechgelagen verpraßt. Er wurde dabei fast täglich mit Gretchen zusammengeführt, aber obwohl sie sich ihm freundlich zeigte, behandelte sie ihn als ein Kind und erlaubte ihm niemals auch nur die geringste Vertraulichkeit. Es war ein fröhliches Leben, das die jungen Leute führen, mit Pikniks und Schmausgelagen gewürzt, und die Krönung Kaiser Joseph II. gab die Veranlassung zu erhöhter Lustbarkeit. Eines Abends, nachdem man sich müde gelaufen hatte, um die feierlichen Umzüge der Gesandten und Kurfürsten in den Straßen zu sehen, saß man lange beisammen, ohne an den Flug der Zeit zu denken; es war schon Mitternacht geworden, und Goethe fand, daß er den Hausschlüssel nicht bei sich hatte, dessen unrechtmäßiger Besitz sein nächtliches Umhertreiben dem Vater bisher zu verbergen gewußt hatte. Gretchen schlug vor, daß alle beisammen bleiben und die Nacht mit heiterem Geplauder zubringen sollten. Man ging darauf ein. Wie in solchen Fällen gewöhnlich, war alle Mühe aber wach zu bleiben vergeblich, die Müdigkeit drückte ihnen die Augen zu, die Konversation ward immer schwächer; einige schliefen schon in den Ecken des Zimmers; in einem Winkel saß ein Freund mit seinem Liebchen, dessen Haupt auf seiner Schulter ruhte; ein anderer hatte die Arme auf den Tisch und den Kopf darauf gelegt. Es war Stille in dem früher von fröhlichem Lärm erfüllten Zimmer geworden. Goethe saß in der Fensterecke hinter dem Tische und Gretchen neben ihm. Sie unterhielten sich leise; endlich übermannte aber auch seine Freundin der Schlaf, sie lehnte ihr Köpfchen an seine Schulter und war gleich entschlummert. So saß er nun allein, wachend und die an ihn gelehnte schöne Schläferin so lange zärtlich stützend, bis auch ihm endlich der Schlaf die Augen schloß."

(G. H. Lewes, Goethe's Leben und Werke, 1. Band, S. 63,64.)

Brioche

Für 1 große Brioche (oder mehrere kleine Brote oder Brioches à tête)
Zubereitungszeit: 1 Stunde 20 Minuten
Ruhezeit: etwa 2 Stunden
Für die Brioches à tête werden Teigstücke von 50 g abgewogen, davon 10 g abgenommen und jeweils zu einer großen und einer kleinen Kugel geformt. In die größere Kugel drückt man mit dem Finger eine Mulde und bestreicht diese mit einer Mischung aus Eigelb und Milch. Darauf setzt man den „tête", den Kopf, und bäckt die Brioches in oder ohne Förmchen.

*

Für den Vorteig
100 g Weizenmehl, Type 405, und Mehl zum Bestäuben
75 g lauwarme Milch
40 g Zucker
42 g Hefe

*

Für den Hauptteig
90 ml Milch
1 Ei, 50g
4 Eigelb, 80 g
400 g Weizenmehl, Type 405, und Mehl zum Arbeiten
160 g weiche Butter
10 g Salz
10 ml Rum

*

Zum Bestreichen
1 Eigelb
25 ml Milch

*

Für den Vorteig das Mehl in eine Schüssel sieben. Zucker und Hefe in der Milch auflösen, mit dem Mehl verrühren. Den Vorteig mit Mehl bestäuben. Mit Klarsichtfolie zugedeckt bei 25 Grad so lange gehen lassen, bis sich das Volumen verdoppelt hat.

*

Für den Hauptteig Ei und Eigelb mit der Milch verrühren. Den Vorteig in eine Schüssel geben, das Mehl darüber-sieben, die Eier-Milch-Mischung dazugießen und alles verkneten.

*

Dann die aufgequollene kernige Mischung zufügen. Weitere 3 Minuten schnell, danach 3 Minuten langsam durchkneten. Den Teig mit Mehl bestäuben, mit Klarsichtfolie abdecken und 20 Minuten bei 26 Grad gehen lassen. Den Backofen auf 280 Grad vorheizen.

*

Den Teig zusammenkneten, zu einer Kugel formen und mit der Hand auseinanderdrücken. Von der oberen und unteren Seite zur Mitte hin zusammenschlagen, nochmals leicht flach klopfen und über der „Naht" zusammenklappen. Diese zusammendrücken und glattrollen.

*

Den Teig auf etwas Weizenvollkornmehl drehen und in die gebutterte Kastenform setzen, erneut gehen lassen, bis er drei Viertel seines Volumens zugenommen hat, Form auf die zweitunterste Schiene des Ofens schieben und die Hitze auf 220 Grad zurückschalten. Nach etwa 60 Minuten ist das Brot fertig. Das kann man prüfen, indem man auf die Unterseite des Brotes klopft. Klingt es hohl, ist das Brot durchgebacken.

KÜMMELBROT

Für 1 Zopf
Zubereitungszeit: 1 Stunde 30 Minuten
Ruhezeit: 12 Stunden; 1 Stunde
Das Brot kann beim Backen aufreißen, was aber schön aussieht. Wer jedoch den Zopf in Form halten möchte, muß ihn mit einem 6 cm breiten, mit Butter eingefetteten Streifen Alufolie umlegen. Die Streifenenden übereinanderfalten und festdrücken. Man kann aus dem Teig auch kleine Kümmelstangen backen.

*

Für den Vorteig
25 g Weizenvollkornmehl

*

Für den Hauptteig
10 g Hefe
250 g Weizenmehl Type 1050, und Mehl zum Arbeiten
125 g Roggenmehl, Type 1150
125 g Sauerteig (beim Bäcker erhältlich)
25 g zimmerwarme Butter
7 g Kümmel
10 g Salz
20 g Zucker
je 10 g Kümmel und grobes Meersalz zum Bestreuen

*

Am Abend für den Vorteig das Mehl mit 25 ml lauwarmem Wasser vermischen und über Nacht bei 26 Grad zugedeckt ruhen lassen. Am nächsten Tag in eine Schüssel geben.

*

Die Hefe in 220 ml lauwarmem Wasser auflösen bzw. mit einem Schneebesen glattrühren. Das gesiebte Mehl mit dem Hefewasser, dem Sauerteig, Butter, Kümmel, Zucker und Salz zum Vorteig geben. Aus allen Zutaten einen Teig kneten.

*

Den Teig leicht mit Mehl bestäuben und zugedeckt 30 Minuten bei 26 Grad gehen lassen. Danach den Teig zusammenkneten und zu einer Kugel formen. Den Backofen auf 250 Grad vorheizen.

*

Die Teigkugel in drei gleiche Stücke teilen und diese jeweils zu einem Strang formen. Dann die Stränge zu einem Zopf flechten und auf ein mit Backpapier ausgelegtes Blech setzen.

*

Den Zopf leicht mit Wasser bepinseln. Mit Kümmel und Meersalz bestreuen. Zugedeckt 30 Minuten gehen lassen. Den Zopf auf die untere Schiene des Backofens schieben. Nach 10 Minuten den Ofen auf 220 Grad herunterschalten. Nach weiteren 40 Minuten ist das Kümmelbrot fertiggebacken.

Charlotte von Gänseleber und Trüffeln

Traminer-Gelee
250 g Geflügelkarkassen
40 g Karotten
40 g Staudensellerie
30 g Lauch
10 g Butter
0,3 l Traminer
3 Eiweiß
0,5 l Geflügelfond
Salz
4 Blatt Gelatine
1 Knolle Sellerie
100 g Gänseleber
1-2 Périgord-Trüffeln

*

Garnitur
etwas Trüffelspäne
Feldsalat

*

Die Geflügelkarkassen mit dem geputzten und grob gewürfelten Gemüse in Butter ansautieren, mit Traminer ablöschen, abkühlen lassen. Eiweiß leicht anschlagen und daruntermischen, mit der kalten Brühe auffüllen, aufkochen, ca. 10 Minuten köcheln lassen, salzen, 5 Minuten stehenlassen, durch ein Sieb schütten.

*

Gelatine einweichen, ausdrücken und in der Brühe auflösen. Zum Abkühlen in den Kühlschrank stellen.

*

Gänseleber enthäuten, der Länge nach aufschneiden. Adern und Sehnen entfernen, in dünne Scheiben schneiden. Trüffeln säubern, in ganz dünne Scheiben schneiden. Eine halb runde, gut gekühlte Terrinenform mit dem etwas abgekühlten Traminer-Gelee ausgießen und im Kühlschrank erstarren lassen.

*

Nun die Terrine auf Eis stellen und die erste Schicht Gänseleberscheiben (mit Gelee bepinselt) einlegen, mit Gelee leicht überziehen, Trüffelscheiben und die Schicht Sellerie zufügen. Diesen Vorgang wiederholfen Sie, bis die Terrine gefüllt ist.

*

Mit Gänseleber abschließen. Im Kühlschrank ca. 2 Stunden erstarren lassen. Die Charlotte nun kurz in heißes Wasser tauchen, stürzen und mit einem Elektromesser in Scheiben schneiden.

*

Auf Teller etwas Gelee gießen, die Charlotte daraufsetzen, mit Feldsalat und Trüffelspänen garnieren.

„Aber ich liebe sie. Ich glaube, ich tränke Gift von ihrer Hand."

Im Jahr 1765 ging Johann Wolfgang Goethe im Alter von 16 Jahren nach Leipzig, um Rechtswissenschaften zu studieren. Als er ein halbes Jahr in Leipzig war, ergab sich für Goethe eine banale Veränderung, die jedoch weitreichende emotionale Folgen hatte. Er nahm seinen *Mittags- und Abendtisch* nunmehr bei dem Gastwirt Schönkopf ein.

Und, wie konnte es auch anders sein, das Essen servierte ihm, wenn man so will, die Tochter des Hauses, Käthchen Schönkopf. Ob es nun das Essen selbst war oder das Mädchen oder beides, erscheint nicht so wichtig, jedenfalls lernte Goethe seine erste große Liebe beim Essen kennen.

„Er verliebte sich in die Tochter Anna Katharina, von den Freunden des Hauses Käthchen genannt und von Goethe in Wahrheit und Dichtung als Ännchen bezeichnet. Ihr Bildnis, das sich erhalten hat, zeigt sehr einnehmende Züge. Damals war Käthchen neunzehn Jahre alt, ein lebhaftes, leicht Feuer fangendes Mädchen. Wie wäre es möglich gewesen, für die Liebe dieses herrlichen Jünglings unempfindlich zu bleiben, dessen Genie eben so anziehen mußte, wie seine Schönheit? Sie blieb es auch nicht, da sie jedoch drei Jahre älter war und von aufgeweckter, ein wenig spottsüchtiger Gemütsart, so spielte sie mit ihm und quälte ihn, ohne daß sie ihm ihr Herz vollständig zu eigen gab. Sie sahen sich täglich, nicht nur mittags, sondern auch des Abends, wo er ihres Bruders Klavierspiel mit der Flöte begleitete." (G. H. Lewes, Goethes Leben und Werke, 1. Band, S. 87)

Goethes Verliebtheit blieb natürlich in seiner Umgebung nicht unbemerkt. Sein Freund Horn beschrieb in einem Brief die Veränderungen bei Goethe wie folgt:

„Er liebt, es ist wahr; er hat es mir bekannt und wird es auch Dir bekennen; allein seine Liebe, ob sie gleich immer traurig ist, ist dennoch nicht strafbar, wie ich es sonst geglaubt. Er liebt.

Allein nicht jene Fräulein, mit der ich ihn in Verdacht hatte; er liebt ein Mädchen, das Du selber lieben würdest, wenn Du es sähest. Denke Dir ein Frauenzimmer, wohlgewachsen, obgleich nicht sehr groß, ein rundes, freundliches, obgleich nicht außerordentlich schönes Gesicht - eine offene, sanfte, einnehmende Miene - viele Freimütigkeit ohne Koketterie - einen sehr artigen Verstand, ohne die größte Erziehung gehabt zu haben.

Er liebt sie zärtlich, mit den vollkommen redlichen Absichten eines tugendhaften Menschen, ob er gleich weiß, daß sie nie seine Frau werden kann. Er ist mehr Philosoph und mehr Moralist als jemals, und so unschuldig seine Liebe ist, so mißbilligt er sie dennoch. Ich bedaure ihn und sein gutes Herz, das wirklich in einem sehr mißlichen Zustande sich befinden muß, da er das tugendhafteste und vollkommenste Mädchen ohne Hoffnung liebt. Und wenn wir annehmen, daß sie ihn wieder liebt, wie elend muß er erst da sein!"

Goethe selbst schrieb über seine Liebe zu Käthchen Schönkopf: „Du wirst daraus gesehen haben, daß Dein Goethe noch nicht so bestrafenswert ist, als Du glaubst. Denke als Philosoph und was hat alsdenn meine Liebe für eine scheltenswürdige Seite? Was ist der Stand? Eine eitle Farbe, die die Menschen erfunden haben, um Leute, die es nicht verdienen, mit anzustreichen! Und Geld ist ein ebenso elender Vorzug in den Augen eines Menschen, der denkt.

Ich liebe ein Mädchen ohne Stand und ohne Vermögen, und jetzo fühle ich mich zum allerersten Male das Glück, das eine wahre Liebe macht. Ich habe die Gewogenheit meines Mädchens nicht denen kleinen elenden Trakasserien der Liebhaber zu danken: nur durch mein Herz habe ich sie erlangt. Ich brauche keine Geschenke, um sie zu erhalten, und ich sehe mit einem verachtenden Aug' auf die Bemühungen herunter, durch die ich ehemals die Gunstbezeugungen einer W. erkaufte. Das fürtreffliche Herz meiner S. ist mir Bürge, daß sie mich nie verlassen wird als dann, wenn es uns Pflicht und Notwendigkeit gebieten werden, uns zu trennen. Solltest Du nur dieses fürtreffliche Mädchen kennen, bester Moors, Du würdest mir diese Torheit verzeihen, die ich begehe, indem ich sie liebe. Ja, sie ist des größten Glückes wert, da ich ihr wünsche, ohne jemals hoffen zu können, Etwas dazu beizutragen."

Am 26. April 1766 soll Goethe angeblich Käthchen seine Liebe gestanden haben. Sie, die mit beiden Beinen auf dem Boden stand, soll diese Verliebtheit des drei Jahre jüngeren Studenten aus Frankfurt nicht allzu ernst genommen haben, dennoch entwickelte sie eine gewisse Sympathie für Goethe und schien das ganze angenehm zu ertragen. „(...) sein Bemühen um ihre Gunst schmeichelte ihr und rührte sie. Und es war ein Vergnügen, vor den Augen der Eltern und der Gäste den Herrn Goethe ganz wie jeden andern guten Bekannten zu behandeln und ihm zwischendurch die Hand zu drücken, ein Liebeswort zu flüstern, ihm an der Tür zu winken, daß er auf den Gang komme, ihm das Mäulchen zu einem raschen Kusse hinzuhalten. Und es reizte sie auch das Wagnis, ihm durch Peterchen, ihren zehnjährigen Bruder, in seine Wohnung bei der alten Witwe Straube Zettel zu schicken, wenn sie Aussicht hatte, allein im Hause zu sein. Die Eltern hatten kein Arg; sie durften sich auf ihre wohlgeratene Tochter verlassen und mißtrauten auch dem jungen Hausfreunde nicht." (W. Bode, Goethes Liebesleben, S. 31)

Gegenüber seiner Schwester Cornelia konnte Goethe seine Liebe lange geheim halten. Dann schrieb er ihr aber doch über Käthchen:

„Das ist ein sehr gutes Mädchen, bei der die Rechtschaffenheit des Herzens mit einer angenehmen Naivität verbunden ist; ihre Erziehung ist freilich mehr streng als gut gewesen. sie ist meine Haushälterin, wenn es sich um meine Wäsche und meinen Anzug handelt; sie versteht Das sehr gut, und es macht ihr Vergnügen, mir mit ihren Kenntnissen beizustehn, und ich bin ihr dafür recht gut. Nicht wahr, Schwester, ich bin wohl drollig: ich liebe alle diese Mädchen! Wer könnte es auch lassen, wenn sie gut sind? Denn was die Schönheit angeht, dadurch faßt sie mich nicht. Alle meine Bekanntschaften sind mehr gut als schön."

In einem weiteren Brief an seine Schwester Cornelia charakterisiert Goethe Käthchen folgendermaßen: „Sie ist ein recht gutes Mädchen, das ich sehr liebe. Sie hat die Hauptqualität, daß sie ein gutes Herz hat, das durch keine allzugroße Lektüre verwirrt ist, und läßt sich ziehen. Ich werde Ehre mit ihr einlegen; sie hat schon ganz erträgliche, auch manchmal artige Briefe schreiben lernen. Aber mit der Orthographie will's nicht fort - überhaupt muß man Die beim sächsischen Frauenzimmer nicht suchen!"

Auch sein Freund Ernst Wolfgang Behrisch aus Dresden war über Goethes Liebe ständig auf dem Laufenden, denn alle Höhen und Tiefen wurden ihm posthum mitgeteilt:

„Am Tisch meiner Kleinen. Sie ist ausgegangen, mein lieber, guter Behrisch; sie ist zur Komödie gegangen, mit ihrer Mutter und ihrem vermeintlichen Zukünftigen, der ihr durch hundert Vergnügungen zu gefallen sucht. Es ist eine sehr angenehme Sache und der Beobachtung eines Kenners wert, zu sehen, wie ein Mensch sich anstrengt, um zu gefallen„ wie er erfinderisch, aufmerksam und immer auf den Beinen ist, ohne doch die geringst Frucht zu erlangen. Er würde für jeden Kuß zwei Louisdor den Armen spenden und bekommt doch keinen! Und nachher mich zu sehen, unbeweglich in einer Ecke sitzend, ohne ihm geringsten den Galanten zu spielen, ohne eine einzige Schmeichelei zu sagen, so daß mich der Andere für einen Dummkopf hält, dem alle Lebensart abgeht: und nachher empfängt dieser Dummkopf Gaben, für die der Andere eine Reise nach Rom unternähme! Ich wollte eigentlich auch weggehen, als sie ging; aber, um mich dazubehalten, gab sie mir den Schlüssel ihres Pults mit Vollmacht, zu tun und zu schreiben, was ich wolle. Sie sagte mir beim Fortgehen: ‚Bleib nur da, bis ich wiederkomme! Du hast ja immer was Närrisches im Kopfe, Verse oder Prosa: bring's auf's Papier, wie es dir Spaß macht. Ich werde dem Vater schon was erzählen, warum du oben bleibst, und merkt er was, na, so merkt er was!' Sie gab mir auch zwei schöne Äpfel, die ihr zuvor mein Nebenbuhler gebracht hatte, und ich aß sie; ausgezeichnet schmeckten sie!"

Während hier Goethe in den Genuß kam, die Äpfel seines Nebenbuhlers hämisch zu verzehren, bot sich bei anderer Gelegenheit der Genuß einer sturmfreien Bude bei Käthe. Die Eltern waren in die Komödie gegangen, und dadurch ergaben sich ungeahnte Möglichkeiten für das junge Liebespaar. Über dieses Ereignis schrieb Goethe an Behrisch:

„Ich ging von Dir geraden Wegs zu meiner Stube, und zu meiner Überraschung fand ich dort durch unsere heimliche Post eine Nachricht: ich solle so rasch wie möglich zu ihr kommen. Ich flog hin und fand sie allein: die ganze Familie war, angezogen durch das neue Stück, in die Komödie gegangen. Gerechter Himmel. was für ein Vergnügen, vier Stunden lang mit seinem Liebchen sich allein zu wissen. Die Stunden vergingen, ohne daß einer von uns beiden es bemerkte.

Ich erfuhr, daß ihre Mutter mir verziehen habe und daß die gute Frau, endlich übermüde der beständigen Aufmerksamkeiten, die der Andere ihrer Tochter erwies, ihre Laune gegen ihn wandte. Wie mich diese vier Stunden glücklich gemacht haben!"

Dem Brief folgt eine Passage in englischer Spache, wahrscheinlich aus Sicherheitsgründen, denn hierin schwärmt Goethe, wie „in meinen Armen zitternd der Busen meines Mädchens meine Brust erwärmte, beständig küsse von ihren Lippen fließen, wo ich dann, hingerissen in nie gefühlter Lust, ‚mein Mädchen!' flüstere und sie ‚mein Liebster!' (...) Die schöne Scham, die sie ohngeachtet unserer Vertraulichkeit so oft ergreift, daß die mächtige Liebe sie wider das Geheiß der Vernunft in meine Arme wirft! Die Augen, die sich zudrücken, so oft sich ihr Mund auf den meinigen drückt! Das süße Lächeln in den kleinen Pausen unserer Liebkosungen! Die Röte, die Scham, Liebe, Wollust, Furcht auf die Wangen treiben! Die zitternde Bemühen, sich aus meinen Armen zu winden, das mir durch seine Schwäche zeigt, daß nicht als Furcht sie je herausreißen würde! Behrisch, Das ist eine Seligkeit, um die man gern ein Fegfeuer aussteht!"

Ganz besonders aber lernte Goethe bei Käthchen Schönkopf die Leiden der Liebe. Denn es gab eine ganze Reihe von jungen Männern, die ebenso ein Auge auf Käthchen geworfen hatten und sich als Liebhaber empfahlen. Und das konnte Goethe schon rasend eifersüchtig machen. Diese wurde in einer Situation, als Goethe krank darniederlag, dermaßen gesteigert, wie sich in einem Brief an Behrisch verdeutlicht:

„Meine Magd kommt und bringt mir die Nachricht, daß sie mit ihrer Mutter in der Komödie sei. Eben hatte das Fieber mich mit seinem Froste geschüttelt, und bei dieser Nachricht wird mein ganzes Blut zu Feuer! Ha! In der Komödie! Zu der Zeit, da sie weiß, daß ihr Geliebter krank ist, Gott! Das war arg; aber ich verzieh's ihr. Ich wußte nicht, welch' Stück es war.

Wie? sollte sie mit Denen in der Komödie sein? Mit Denen! Das schüttelte mich! Ich muß es wissen. Ich kleide mich an und renne wie ein Toller nach der Komödie. Ich nehme ein Billet auf die Galerie. Ich bin oben. Ha, ein neuer Streich! Meine Augen sind schwach und reichen nicht bis in die Logen. Ich dachte rasend zu werden, wollte nach Hause laufen, mein Glas zu holen. Ein schlechter Kerl, der neben mir stand, riß mich aus der Verwirrung; ich sah, daß er zwei hatte; ich bat ihn auf das höflichste, mir ein's zu borgen; er tat's. Ich sah hinunter und fand ihre Loge - Oh Behrisch! Ich fand ihre Loge. Sie saß an der Ecke, neben ihr ein kleines Mädchen, Gott weiß wer, dann Peter, dann die Mutter. - Nun aber! Hinter ihrem Stuhl Hr. Ryden, in einer sehr zärtlichen Stellung! Ha! Denke mich! Denke mich! auf der Galerie! mit einem Fernglas - Das sehend! Verflucht! Oh Behrisch, ich dachte, mein Kopf spränge mir für Wut. Man spielte ‚Miß Sara'. Die Schulzen machte die Miß, aber ich konnte nichts sehen, nichts hören; meine Augen waren in der Loge, und mein Herz tanzte. Er lehnte sich bald hervor, daß das kleine Mädchen, das neben ihr saß, nichts sehen konnte. Bald trat er zurück, bald lehnte er sich über den Stuhl und sagte ihr was; ich knirschte die Zähne und sah zu. Es kamen mir Tränen in die Augen, aber sie waren vom scharfen Sehen; ich habe diesen ganzen Abend noch nicht weinen können. Hernach dacht ich an Dich, ich schwöre es Dir: an Dich, und wollte nach Hause gehen und Dir schreiben, und da hielt mich der Anblick wieder, und ich blieb. Gott, Gott! Warum mußte ich sie in diesem Augenblicke entschuldigen! Ja, Das tat ich. Ich sah, wie sie ihm ganz kalt begegnete, wie sie sich von ihm wegwendete, wie sie ihm kaum antwortete, wie sie von ihm importuniert schien; Das alles glaubte ich zu sehen. Ah, mein Glas schmeichelte mir nicht so wie meine Seele: ich wünschte es zu sehen! O Gott, und wenn ich's wirklich gesehen hätte, wäre Liebe zu mir nicht die letzte Ursache, der ich Dieses zuschreiben sollte! ... So saß ich eine Viertelstunde und sah nichts, als was ich in den ersten fünf Minuten gesehen hatte. Auf einmal faßte mich das Fieber mit seiner ganzen Stärke, und ich dachte in dem Augenblicke zu sterben; ich gab mein Glas an meinen Nachbar und lief, ging nicht, aus dem Hause - und bin seit zwei Stunden bei Dir. Kennst Du einen unglücklicheren Menschen bei solchem Vermögen, bei solchen Aussichten, bei solchen Vorzügen als mich, so nenne mir ihn und ich will schweigen. Ich habe den ganzen Abend vergebens zu weinen versucht; meine Zähne schlagen aneinander, und wenn man knirscht, kann man nicht weinen.

Aber ich liebe sie! Ich glaube, ich tränke Gift von ihrer Hand.

Verzeih mir, Freund. Ich schreibe wahrlich im Fieber, wahrlich im Paroxysmus. Doch laß mich schreiben! Besser, ich lasse hier meine Wut aus, als daß ich mich mit dem Kopf wieder die Wand renne."

Inspiriert durch den Fürsten Franz von Anhalt, der ein bürgerliches Mädchen liebte und das von ihm ein Kind hatte, der allerdings zur standesgemäßen Heirat gezwungen wurde und natürlich durch Goethes Liebe zu Käthchen Schönkopf entstand unter dem Titel „Der wahre Genuß" 1767 dieses Gedicht.

Umsonst, daß du, ein Herz zu lenken,
Der Schönen Schoß mit Golde füllst!
O Fürst, laß dir die Wollust schenken,
Wenn du die Wollust fühlen willst!
Gold kauft nur den geringen Haufen
Und niemals edle Seelen dir;
Doch willst du eine Tugend kaufen,

So geh und gib dein Herz dafür.
Was ist die Lust, die in den Armen
Der Buhlerin dir Wollust schafft?
Du wärst ein Vorwurf zum Erbarmen,
Ein Tor - wärst du nicht lasterhaft.
Sie küsset dich aus feilem Triebe,
Und Glut nach Gold füllt ihr Gesicht.
Unglücklicher, du fühlst nicht Liebe
Und selbst die Wollust fühlst du nicht.

Sei ohne Tugend, doch verliere
Den Vorzug eines Menschen nie!
Denn Wollust fühlen alle Tiere,
Der Mensch allein verfeinert sie.
Laß dich die Lehren nicht verdrießen:
Sie hindern dich nicht am Genuß;
Sie lehren dich, wie man genießen
Und Wollust würdig fühlen muß.

Soll dich kein heilig Band umgeben,
O Jüngling, schränke selbst dich ein!
Man kann in wahrer Freiheit leben
Und doch nicht ungebunden sein.

Laß nur für Eine dich entzünden,
Und wenn du deinen Wunsch erfüllst,
So laß dich durch die Liebe binden,
Wenn du es durch die Pflicht nicht willst.

Empfinde, Jüngling, und dann wähle
Ein Mädchen dir, sie wähle dich,
Von Körper schön und schön von Seele,
Und dann bist du beglückt wie ich.
Ich, der ich diese Kunst verstehe,
Ich habe mir ein Kind gewählt,
Daß uns zum Glück der schönsten Ehe
Nichts als des Priesters Segen fehlt.

Für nichts besorgt als meine Freude,
Für mich nur, schön zu sein, bemüht,
Wollüstig nur an meiner Seite,
Und sittsam, wenn die Welt sie sieht
Damit die Zeit der Glut nicht schade,
Räumt sie niemals ein Recht mir ein,
Und heut muß ihre Gunst noch Gnade
Wie an dem ersten Abend sein.

Der Mädchen höchste Gunst ist keine,
Wenn Schwachheit uns den Weg verkürzt:
Doch jede Kleinigkeit wird eine,
Ist sie durch Hindernis gewürzt.
Sie lehret mich die Wollust schätzen,
Je weniger sie mir erlaubt;
Mit Klugheit weiß sie zu ersetzen,
Was sie aus Klugheit mir geraubt;

Ich bin gemügsam und genieße
Schon da, wenn sie mir zärtlich lacht,
Wenn sie bei Tisch des Liebsten Füße
Zum Schemel ihrer Füße macht,
Den Apfel, den sie angebissen,
Das Glas, woraus sie trank, mir reicht
Und mir bei halbgeraubten Küssen
Den sonst verhüllten Busen zeigt.

Wenn in gesellschaftlicher Stunde
Sie einst mit mir von Liebe spricht,
Wünsch' ich nur Worte von dem Munde,
Nur Worte - Küsse wünsch' ich nicht.
Welch ein Verstand, der sie beseelet,
Ihr gutes Herz mit Reiz umgibt!
Sie ist vollkommen! Und sie fehlet
Darin allein, daß sie mich liebt.

Die Ehrfurcht wirft mich ihr zu Füßen,
Die Wollust mich an ihre Brust!
Sieh, Jüngling, Dieses heißt genießen!
Sei klug und suche diese Lust!
Der Tod führt einst von ihrer Seite
Dich ein zum englischen Gesang.
Dich zu des Paradieses Freude,
Und du fühlst keinen Übergang.

Die Liebesbeziehung zu Käthchen Schönkopf endete mit seinem dreijährigen Leipzigaufenthalt. Behrisch, der unbedingt wissen wollte, wie es denn nun mit Käthchen weitergehen würde, erhielt von Goethe folgende Antwort:

„Wir lieben einander mehr als jemals, ob wir einander gleich seltener sehen. Ich habe den Sieg über mich erhalten, sie nicht zu sehen. Und nun dacht' ich, gewonnen zu haben. Aber ich bin elender als vorher. Ich fühle, daß die Liebe sich selbst in der Abwesenheit erhalten wird. Ich kann leben, ohne sie zu sehen - nie, ohne sie zu lieben! Allen Verdruß, den wir zusammen haben, mache ich. Sie ist ein Engel, und ich bin ein Narr. Höre, Behrisch, ich kann, ich will das Mädchen nie verlassen! Und doch muß ich fort, doch will ich fort. Aber sie soll nicht unglücklich sein. Wenn sie meiner wert bleibt, wie sie's jetzt ist, Behrisch, sie soll glücklich sein.

Und doch werd' ich so grausam sein und ihr alle Hoffnung benehmen. Das muß ich. Denn wer einem Mädchen Hoffnung macht, Der verspricht. Kann sie einen rechtschaffenen Mann kriegen, kann sie ohne mich glücklich leben, wie fröhlich will ich sein! Ich weiß, was ich ihr schuldig bin. Meine Hand und mein Vermögen gehört ihr; sie soll Alles haben, was ich ihr geben kann. Fluch sei auf Dem, der sich versorgt, eh das Mädchen versorgt ist, das er elend gemacht hat! Sie soll glücklich sein. Sie soll nie die Schmerzen fühlen, mich in den Armen einer Andern zu sehen, bis ich die Schmerzen gefühlt habe, sie in den Armen eines Andern zu sehen. Und vielleicht will ich sie auch da mit dieser schrecklichen Empfindung verschonen."

Wenige Wochen später schrieb Goethe allerdings:

„Sie ist das beste, liebenswürdigste Mädchen; nun kann ich Dir schwören, daß ich nie aufhören werde, Das für sie zu fühlen, was das Glück meines Lebens macht, Das zu denken, was ich Dir neulich geschrieben habe, und Das zu wollen.

Behrisch, wir leben in dem angenehmsten freundschaftlichen Umgange, wie Du und sie. Keine Vertraulichkeit mehr, nicht ein Wort von Liebe mehr, und so vergnügt, so glücklich! Behrisch, sie ist ein Engel! Es sind heute zwei Jahre, daß ich ihr zum ersten Mal sagte, daß ich sie liebte; zwei Jahre und noch! Wir haben mit der Liebe angefangen und hören mit der Freundschaft auf. Doch nicht ich! Ich liebe sie noch so sehr. Gott, so sehr!"

Hirschkoteletts mit Gewürzen und Topfen-Spätzle

6 Hirschkoteletts
Öl, Butter, Salz
Pfeffer
50 g Waldpilze (Steinpilze, Pfifferlinge)
Zitrone

Für die Wildgewürz-Mischung
30 g schwarze Pfefferkörner
60 g Piment
30 g Wacholderbeeren
15 g Kümmel
75 g Koriander

Für die Sauce:
250 g Hirschknochen und -abschnitte kleingehackt
Öl
20 g Butter
100 g Schalotten
75 g Zwiebeln
60 g Karotten
60 g Staudensellerie
1 Knoblauchzehe
1 EL Tomatenmark
100 g Portwein
250 g Rotwein
1 I dunkler Kalbsfond
2 EL Preiselbeeren
1 EL Zwetschgenmarmelade
Saft von zwei Orangen
Saft von einer halben Zitrone
5 schwarze Pfefferkörner
5 Wacholderbeeren
1 Lorbeerblatt

1 Thymianzweig
1 Rosmarinzweig
1 kleine Kartoffel roh gerieben
50 g gebräunte Butter

Für die Spätzle
125 g Mehl
125 g Quark, 20%, gut ausgedrückt
2 Eier
3 Eigelb
Pfeffer
Muskat

*

Die Zutaten für die Gewürz-Mischung ohne Fett in eine Pfanne geben, kurz erwärmen, gut andrücken und die Koteletts in Öl anbraten. Auf ein Backblech mit Gitter legen und für acht bis zehn Minuten in den 180 Grad heißen Ofen stellen. Herausnehmen, zwei bis drei Minuten ruhen lassen und vor dem Anrichten kurz in heißer Butter schwenken.

*

Die geputzten Pilze in Butter andünsten, mit Salz, Pfeffer und einem Spritzer Zitronensaft würzen.

*

Für die Sauce die Hirschknochen und -abschnitte in Öl anbraten, auf ein Sieb schütten, gut abtropfen lassen und das Fett weggießen. Die Butter in einem Topf zerlassen, die geschnittenen Gemüse und die abgetropften Knochen hineingeben, alles gut anrösten, das Tomatenmark unterrühren und kurz mitrösten. Mit je einem Drittel des Port- und Rotweins ablöschen und einkochen lassen. Mit dem zweiten Drittel der Weine ablöschen, wieder einkochen, den restlichen Wein angießen, einkochen und mit dem Kalbsfond auffüllen. Die Preiselbeeren, die Zwetschgenmarmelade, den Orangen und Zitronensaft sowie alle Gewürze und die geriebene Kartoffel dazu geben. Mit Meersalz würzen und eineinhalb bis zwei Stunden köcheln lassen, dabei öfter abschäumen und den Geschmack der Sauce prüfen. Durch ein feines Sieb passieren, noch etwas köcheln lassen, abschmecken und zum Schluß die gebräunte Butter einrühren.

*

Alle Zutaten für die Spätzle gut vermischen, würzen und mit den Händen durcharbeiten, bis der Teig schön glatt ist. Eine halbe Stunde zugedeckt ruhen lassen. In einem großen Topf Salzwasser kochen und den Teig mit Hilfe eines Spätzlehobels oder mit einer Palette vom Brett hineinschaben. Spätzle herausnehmen, kalt abschrecken und vor dem Anrichten in Butter schwenken, dabei mit Salz und Muskat nachwürzen. (Sollten es zuviel Spätzle geworden sein: Die abgeschreckten Spätzle lassen sich - mit etwas Öl vermischt und zugedeckt - im Kühlschrank aufbewahren.)

*

Die Hirschkoteletts auf heißen Tellern mit den Pilzen anrichten, die Spätzle dazugeben und mit der Sauce umgießen.

Der Stoff, aus dem ein Drama wird: Goethe, zwei kleine Französinnen, ein Tanzlehrer und eine Kartenlegerin

Man sollte annehmen, daß Goethe 1770 bei seiner Ankunft in Straßburg sich sofort in die Arbelt stürzte, um sein Studium abzuschließen. Und tatsächlich, die Zeit war mit ernsthaften Arbeiten in der Rechtswissenschaft fast ausgefüllt. Darüber hinaus beschäftigte sich Goethe aber auch mit historischen, philosophischen und naturwissenschaftlichen Bereichen. Aber auch die Begegnung mit Schriftstellern und Wissenschaftlern, mit denen er gemeinsam sein Mittagessen einnahm, wurde wichtig. Zu den Persönlichkeiten, die er kennenlernte, gehörte beispielsweise auch Herder.

Um so erstaunlicher ist es, daß er noch Zeit für gesellschaftliche Veranstaltungen hatte. Hierzu mußte er jedoch zunächst einmal für ein aktives Mitwirken eine Voraussetzung schaffen, nämlich, vernünftig tanzen zu lernen.

Goethe hatte zwar schon bei seinem Vater Tanzunterricht erhalten, doch es reichte lediglich zu einem Menuett und das auch noch schlecht. Bereits in Leipzig war Goethe in dieser Hinsicht negativ aufgefallen, so daß man den Eindruck haben konnte, er würde vorsätzlich schlecht tanzen, um nicht behelligt zu werden.

Doch in Straßburg konnte er ohne Tanzkenntnisse nichts werden, daher entschloß er sich, bei einem Tanzmeister Unterricht zu nehmen. Dieser Tanzlehrer hatte zwei Töchter, die ihren Vater unterstützten und mittanzten. G. H. Lewes faßt die Begegnung Goethes mit den zwei Damen folgendermaßen zusammen:

„Es waren hübsche Mädchen, beide noch unter zwanzig Jahren, reizende, lebhafte Französinnen, voll Koketterie, welche nicht verfehlten, den Dichter anzuziehen, ebenso wenig, als der anmutsvolle schöne Jüngling auf die Mädchen, welche zurückgezogen lebten, verfehlen konnte, einen Eindruck zu machen. Unglücklicherweise stimmten aber die gegenseitigen Sympathien nicht überein. Goethe's Herz neigte sich der jüngeren Schwester zu, während Lucinde, die ältere, ihm ihre Liebe schenkte. Emilie dagegen war sehr zurückhaltend gegen ihn. Lucinde jedoch stets bei der Hand, bereit mit ihm zu walzen, die Stunde zu verlängern, nicht kargend ihm kleine Aufmerksamkeiten zu erweisen. Der Tanzmeister hatte nur wenige Schüler, und Goethe blieb oft noch ein Weilchen nach der Stunde bei ihnen, um zu plaudern oder ihnen einen Roman vorzulesen - ein gefährlicher Zeitvertreib!

Er bemerkte, wie die Dinge standen, doch vermochte er nicht die Zurückhaltung der jüngeren Schwester zu enträtseln. Endlich ward ihm die Ursache derselben klar. Eines Abends hielt ihn Lucinde nach der Stunde im Tanzsaal zurück, weil ihre Schwester im Wohnzimmer sich Karten legen ließ, um die Gesinnung eines Freundes, dem sie ihr Herz geschenkt hatte, zu erfahren. ‚Das meinige ist frei', gestand ihm Lucinde, ‚und ich werde mich gewöhnen müssen, es verschmäht zu sehen.'

Er sagte ihr darauf einige Artigkeiten und riet ihr törichterweise, das Orakel zu ihrer Überzeugung ebenfalls zu befragen, er wolle es auch tun. Lucinde tadelte ihn deshalb und beteuerte, daß nichts in der Welt sicherer sei, als die Aussprüche dieses Kartenorakels, nur müsse man es nicht zum Scherz und Frevel, nur in wahren Angelegenheiten befragen. Er nötigte sie jedoch zuletzt, mit ihm in jenes Zimmer zu gehen, sobald sie sich versichert hielt, daß die erste Befragung seitens der Emilie vorbei sei. Sie fanden die Schwester sehr aufgeräumt, weil sie eines abwesenden Freundes sicher geworden zu sein schien. Der alten Kartenschlägerin ward nun geschmeichelt und gute Bezahlung zugesagt, wenn sie der älteren Schwester und Goethe das Wahrhaftige sagen wolle. Mit den gewöhnlichen Zeremonien legte sie nun die Karten für die ältere Schwester aus, schien aber nicht recht mit der Sprache herausrücken zu wollen. Ich sehe, sagte Emilie, Ihr wollt meiner Schwester nichts Unangenehmes eröffnen. Lucinde wurde blaß, doch faßte sie sich und bemerkte: So sprecht nur, es wird ja den Kopf nicht kosten. Die Alte, nach einem tiefen Seufzer, zeigte ihr nun an, daß sie liebe, daß sie nicht geliebt werde, daß eine andere Person dazwischen stehe und was dergleichen Dinge mehr waren. Die Alte glaubte, die Sache wieder etwas zu verbessern, indem sie auf Briefe und Geld Hoffnung machte. Briefe, sagte das schöne Kind, erwarte ich nicht, und Geld mag ich nicht. Wenn es wahr ist, was ihr sagt, daß ich liebe, so verdiene ich ein Herz, das mich wieder liebt. Wir wollen sehen, ob es nicht besser wird, versetzte die Alte, indem sie die Karten mischte und zum zweitenmale auflegte; allein es war vor unser aller Augen nur noch schlimmer geworden. Die Schöne stand nicht allein einsamer, sondern auch mit allerhand Verdruß umgeben; der Freund war etwas weiter und die Zwischenfiguren näher gerückt. Die Alte wollte zum drittenmal auslegen, in Hoffnung einer besseren Aussicht; allein das schöne Kind hielt sich nicht länger, sie brach in unbändiges Weinen aus, ihr holder Busen bewegte sich auf eine gewaltsame Weise, sie wandte sich um und rannte aus dem Zimmer hinaus. - Trösten Sie Lucinden, sagte die Jüngere, gehen Sie ihr nach. Goethe zauderte; wie durfte er sie trösten, ohne sie wenigstens einer Art von Neigung zu versichern, und wie konnte er das, ohne selbst zärtlich zu werden! - Lassen Sie uns zusammen gehen, sagte er zu Emilien. Ich weiß nicht, ob ihr meine Gegenwart wohl tut, versetzte diese. Doch gingen sie, fanden aber die Türe verriegelt. Lucinde antwortete nicht, sie mochten rufen oder pochen, so viel sie wollten. Was sollte er tun? Er bezahlte die Alte reichlich und wollte gehen, als Emilie sagte: Ich bedinge mir, daß die Karten nun auch auf Sie geschlagen wird. ‚Dann lassen Sie mich nicht dabei sein!' rief Goethe und eilte die Treppe hinab. Den andern Tag hatte er nicht den Mut hinzugehen; aber am dritten Tag ließ ihm Emilie sagen, daß er gewiß nicht fehlen sollte. Er kam und fand den Vater allein und nahm seine Stunde. Emilie kam erst gegen Ende derselben und tanzte ein Menuett mit ihm. Er fragte nach Lucinden, als der Vater sie allein gelassen hatte. Sie liegt im Bette, erwiderte Emilie und sagt, sie werde sterben. Sie hat gegen den undankbaren falschen Freund, der sie so übel behandelt, schwere Vorwürfe ausgestoßen. Goethe beteuerte, daß er sich nicht schuldig wisse, irgend eine Neigung ihr geäußert zu haben. Er kenne jemand, der ihm dieses Zeugnis am besten erteilen könne. Emilie lächelte und versetzte: Ich verstehe Sie, und wenn wir nicht alle klug und entschlossen sind, so kommen wir alle zusammen in eine üble Lage. Was werden Sie sagen, wenn ich Sie ersuche, Ihre Besuche nicht weiter fortzusetzen? Mein Vater äußerte schon, daß er es unverantwortlich finde, Ihnen noch länger Geld abzunehmen, da Sie nun alles schon besäßen, was ein junger Mann von Welt brauche.

‚Und diesen Rat, Ihr Haus zu meiden, geben Sie mir, Emilie?' versetzte Goethe. ‚Eben ich', sagte sie, ‚aber nicht aus mir selbst. Als Sie vorgestern wegeilten, ließ ich die Karte auf Sie schlagen, und derselbe Ausspruch wiederholte sich dreimal. Sie waren umgeben von allerlei Gutem und Vergnüglichem, an Geld fehlte es auch nicht. Die Frauen hielten sich in einiger Entfernung. Meine arme Schwester besonders stand am weitesten; eine andere rückte immer näher, kam aber nie an ihre Seite, denn es stellte sich ein Dritter dazwischen. Ich will Ihnen nur gestehen, daß ich mich unter der zweiten Dame gedacht hatte, und nach diesem Geständnis werden Sie meinen wohlmeinenden Rat am besten begreifen. Einem entfernten Freunde habe ich Herz und Hand zugesagt, und bis jetzt liebt' ich ihn über alles; doch wäre es möglich, daß Ihre Gegenwart mir bedeutender wurde, als bisher, und was würden Sie für einen Stand zwischen zwei Schwestern haben, davon Sie eine durch Neigung und die andere durch Kälte unglücklich gemacht hatten. Leben Sie wohl,' sagte sie, indem sie den noch zaudernden Goethe gegen die Türe führte. ‚Damit Sie sehen, daß es wirklich das letzte Mal sei, daß wir uns sprechen, so nehmen Sie, was ich Ihnen sonst versagen würde.' Sie fiel ihm um den Hals und küßte ihn auf das zärtlichste. Er umfaßte sie und drückte sie an sich.

In diesem Augenblick flog die Seitentür auf, und die Schwester sprang mit einem leichten aber anständigen Nachtkleide heraus und rief: ‚Du sollst nicht allein von ihm Abschied nehmen.' Emilie ließ ihn los und Lucinde ergriff ihn, schloß sich fest an sein Herz, drückte ihre schwarzen Locken an seine Wangen und blieb eine Zeit lang in dieser Lage. Und so fand er sich in der Klemme zwischen beiden Schwestern, wie Emilie es ihm vorausgesagt hatte, zwischen hingebungsvoller Liebe und koketter Buhlerei. Lucinde ließ ihn los und sah ihm ernst ins Gesicht. Er wollte ihre Hand ergreifen und ihr etwas freundliches sagen, allein sie wandte sich weg, ging leidenschaftlich auf und ab und warf sich in die Ecke des Sofas. Emilie trat zu ihr, ward aber sogleich weggewiesen und hier entstand eine Szene, die, ob sie gleich in der Wirklichkeit nichts Theatralisches hatte, dennoch nur von einer gut empfindenden Schauspielerin auf dem Theater wiederholt werden könnte. Lucinde überhäufte ihre Schwester mit Vorwürfen. ‚Es ist nicht das erste Herz, das du mir entwendet hast,' rief sie aus. ‚War es doch mit dem Abwesenden ebenso, der sich zuletzt unter meinen Augen mit dir verlobte. Es hat mich viele tausend Tränen gekostet. Diesen hast du mir nun auch weggefangen, ohne jenen fahren zu lassen, und wie viele verstehst du nicht einmal zu halten. Ich bin offen und gutmütig, und jedermann glaubt mich bald zu kennen und mich vernachlässigen zu dürfen; du bist versteckt und still, und die Leute glauben wunder, was hinter dir verborgen sei. Aber es ist nichts dahinter, als ein kaltes, selbstisches Herz, das sich alles aufzuopfern weiß.' - Emilie schwieg und hatte sich neben die Schwester gesetzt, die sich im Reden immer mehr erhitzte und sich über gewisse besondere Dinge ausließ, die Goethe zu wissen eigentlich nicht frommte. Emilie dagegen, die ihre Schwester zu begütigen suchte, gab ihm hinterrücks ein Zeichen, daß er sich entfernen sollte; aber wie Eifersucht und Argwohn mit tausend Augen sehen, so schien auch Lucinde es bemerkt zu haben. Sie sprang auf und ging auf ihn los, aber nicht mit Heftigkeit. Sie stand vor ihm und schien auf etwas zu sinnen. Darauf sagte sie: ‚Ich weiß, daß ich Sie verloren habe; ich mache keine weiteren Ansprüche auf Sie. Aber du sollst ihn auch nicht haben, Schwester!' Sie faßte ihn bei diesen Worten ganz eigentlich beim Kopf, indem sie ihm mit beiden Händen in die Locken fuhr, sein Gesicht an das ihre drückte und ihn zu wiederholten Malen auf den Mund küßte. ‚Nun', rief sie aus, ‚fürchte meine Verwünschung! Unglück über Unglück für immer und immer auf diejenige, die zum erstenmale nach mir diese Lippen küßt! Wage es nun wieder, mit ihm anzubinden; ich weiß, der Himmel erhört mich diesmal. Und Sie, mein Herr, eilen Sie nun, eilen Sie, was Sie können!' Goethe flog die Treppe hinunter, mit dem festen Vorsatze, das Haus nicht wieder zu betreten." (G. H. Lewes, Goethe's Leben und Werke, Bd. 1, S. 162-168).

Und was das ganze, vom „Straßburger Dreimänner-Bier" abgesehen, mit Essen und Trinken zu tun hat? - Rein gar nichts. Aber wer denkt schon angesichts zweier Französinnen, zwischen denen Johann Wolfgang Goethe steht, und einer Kartenlegerin, die die Damen unglücklich macht, an Straßburger Spezialitaten wie Gänseleberpastete oder Elsässer Schlachtplatte. Essen als Aphrodisiakum soll schließlich zur Erotik beitragen und nicht davon abhalten.

Aus diesem Grunde empfiehlt es sich, diese Episode ohne Speisen und Getränke abzuschließen.

Die besten Stücke aus dem Hühnerfrikassee für Johann Wolfgang

Im Frühjahr des Jahres 1770 reiste Johann Wolfgang Goethe nach Straßburg, um sein Studium der Rechtswissenschaft fortzusetzen und mit der Promotion abzuschließen. Goethe war in Straßburg fasziniert von dem gotischen Münster, er lernte die Umgebung der Stadt, das Elsaß, kennen und die Küche lieben. Bei einem seiner Ausflüge lernte Goethe in Sesenheim die Familie des Pfarrers Brion kennen (13. Oktober 1770). Im Pfarrhaus lebten drei Töchter und ein Sohn. In die älteste, Friederike, verliebte sich Goethe.

„Von der ersten Stunde an fühlte sich Goethe in dieser Familie wohl. Die Eltern gar angenehm, die Töchter fröhlich und freundlich, die Gegend heiter, der Himmel voll Sonne - es war ihm, wie wenn alle guten Geister in seinem Herzen aufwachten, als ob jede freundliche Erinnerung hier bei ihm sei. Und Alles neu! Um ihn herum ward nur nach Mundart geredet; die Frauen und Mädchen gingen in Volkstracht; ihre Arbeiten, ihre Gedanken richteten sich immer wieder auf ländliche Geschäfte. Unter den drei Töchtern suchten seine Augen am liebsten das achtzehnjährige Riekchen. Sie war ziemlich groß, von schlankem Wuchs und hübschem Kopfe; das Gesicht blaß und um so schöner errötend, heitere, blaue Augen, ein Stumpfnäschen, reiches, blondes Haar in Flechten; in allen ihren Bewegungen leicht und anmutig. Mieder und Rock trug sie von weißer Farbe, darüber eine schwarze Taffetschürze; der Rock ließ Füße und Knöchel sichtbar. Man merkte wohl, daß sie von allen Leuten im Dorfe gern gesehen wurde. Ihre ältere Schwester war derber, stärker; Riekchen war wohl zu schnell gewachsen und hatte es deshalb ‚auf der Brust'; man erwartete von ihr keine anstrengenden Arbeiten und verwehrte sie ihr. Sie konnte mit Vetter Weyland und dem Herrn Goethe herumstreifen, indem Mutter und Schwester in Haus und Garten das Nötige besorgten." (W. Bode, Goethes Liebesleben, S. 69,70)

Zwei Tage später, wieder zurückgekehrt nach Straßburg, schrieb Goethe Friederike Brion einen Brief:

„Liebe, liebe Freundin! Ob ich Ihnen was zu sagen habe, ist wohl keine Frage; ob ich aber just weiß, warum ich eben jetzo schreiben will und was ich schreiben möchte, das ist ein Anderes. Soviel merk' ich an einer gewissen innerlichen Unruhe, daß ich gerne bei Ihnen sein möchte, und in dem Falle ist ein Stückchen Papier so ein wahrer Trost, so ein geflügeltes Pferd, für mich, hier, mitten in dem lärmenden Straßburg, als es Ihnen in Ihrer Ruhe nur sein kann, wenn Sie die Entfernung von Ihren Freunden recht lebhaft fühlen.

Die Umstände unserer Rückreise können Sie Sich ohngefähr vorstellen, wenn Sie mir beim Abschiede ansehen konnten, wie leid er mir tat; und wenn Sie beobachteten, wie sehr Weyland nach Hause eilte, so gern er auch unter anderen Umständen bei Ihnen geblieben wäre. Seine Gedanken gingen vorwärts, meine zurück, und so ist natürlich, daß der Diskurs weder weitläufig noch interessant werden konnte.

Zu Ende der Wanzenau machten wir Spekulation, den Weg abzukürzen, und verirrten uns glücklich zwischen den Morästen. Die Nacht brach herein, und es fehlte nichts, als daß der Regen, der einige Zeit nachher ziemlich freigebig erschien, sich um etwas übereilt hätte; so würden wir alle Ursache gefunden haben, von der Liebe und Treue unsrer Prinzessinen vollkommen überzeugt zu sein.

Unterdessen war mir die Rolle, die ich aus Furcht, sie zu verlieren, beständig in der Hand trug, ein rechter Talisman, der mir die Beschwerlichkeiten der Reise alle hinwegzauberte. Und noch? O, ich mag nichts sagen: entweder Sie können's raten, oder Sie glauben's nicht.

Endlich langten wir an, und der erste Gedanke, den wir hatten, der auch schon auf dem Weg unsre Freude gewesen war, endigte sich in ein Projekt, Sie balde wiederzusehen. Es ist ein gar zu herziges Ding um die Hoffnung, wiederzusehen. Und wir Andern mit denen verwöhnten Herzchen, wenn uns ein bißchen was leid tut, gleich sind wir mit derArzenei da und sagen: Liebes Herzchen, sei ruhig, du wirst nicht lange von ihnen entfernt bleiben, von denen Leuten, die du liebst; sei ruhig, liebes Herzchen! Und dann geben wir ihm inzwischen ein Schattenbild, daß es doch was hat, und dann ist es geschickt und still wie ein kleines Kind, dem die Mama eine Puppe statt des Apfels gibt, wovon es nicht essen sollte.

Genug, wir sind hier, und sehen Sie, daß Sie Unrecht hatten! Sie wollen nicht glauben, daß mir der Stadtlärm auf Ihre süße Landfreuden mißfallen würde.

Gewiß, Mamsell, Straßburg ist mir noch nie so leer vorgekommen als jetzo. Zwar hoff' ich, es soll besser werden, wenn die Zeit das Andenken unsrer niedlichen und mutwilligen Lustbarkeiten ein wenig ausgelöscht haben wird, wenn ich nicht mehr so lebhaft fühlen werde, wie gut, wie angenehm meine Freundin ist. Doch sollte ich Das vergessen können oder wollen? Nein, ich will lieber das wenig Herzwehe behalten und oft an Sie schreiben.

Und nun noch vielen Dank, noch viele aufrichtige Empfehlungen Ihren treuen Eltern; Ihrer lieben Schwester, viel hundert - was ich Ihnen gerne wiedergäbe."

In der Folgezeit gingen Briefe und Geschenke zwischen Straßburg und Sesenheim hin und her. Goethe verfaßte Gedichte, in denen sich die Sehnsucht nach Friederike widerspiegelte.

Ein grauer trüber Morgen
Bedecke mein liebes Feld;
Im Nebel tiefverborgen
Liegt um mich her die Welt.
Ob liebliche Friedrike,
Dürft' ich nach dir zurück!
In einem deiner Blicke
Liegt Sonnenschein und Glück.

Der Baum, in dessen Rinde
Mein Nam' bei deinem steht,
Wird bleich vom rauhen Winde,
Der jede Lust verweht.
Der Wiesen grüner Schimmer
Wird blaß wie mein Gesicht:
Sie sehn die Sonne nimmer,
Und ich Friedriken nicht.

Bald geh ich in die Reben
Und herbste Trauben ein:
Umher ist Alles Leben,
Es strudelt neuer Wein!

Doch in der öden Laube
Ach! denk' ich, wär' sie hier!
Ich brächt' ihr diese Traube,
Und sie - was gäb' sie mir?

Eine besondere Vorliebe hatte Goethe, bekannte Lieder umzutexten, sie auf Friederike auszurichten und ihr zuzuschicken.

Balde seh' ich Riekchen wieder,
Balde, bald umarm ich sie!
Munter tanzen meine Lieder
Nach der süß' ten Melodie.

Ach, wie schön hat mir's geklungen,
Wenn sie meine Lieder sang!
Lange hab' ich nicht gesungen,
Lange, liebe Liebe! lang!

Denn mich ängsten tiefe Schmerzen,
Wenn mein Mädchen mir entflieht,
Und der wahre Gram im Herzen
Geht nicht über in ein Lied.

Doch jetzt sing' ich und ich habe
Volle Freude süß und rein.
Ja, ich gäbe diese Gabe
Nicht für aller Klöster Wein!

Oder aber Liebesgedichte, die von ihm verfaßt wurden und Friederike seine Liebe verdeutlichen sollen.

Es dringen Blüten
Aus jedem Zweig,
Und tausend Stimmen
Aus dem Gesträuch.
O Mädchen, Mädchen,
Wie lieb' ich dich!
Wie blickt dein Auge,
Wie liebst du mich!
So liebt die Lerche
Gesang und Luft.

Und Morgenblumen
Den Himmelsduft,
Wie ich dich liebe
Mit warmem Blut,
Die du mir Jugend
Und Freud' und Mut
Zu neuen Liedern
Und Tänzen gibst!
Sei ewig glücklich,
Wie du mich liebst!

Goethe war im Sesenheimer Pfarrhaus ein gerngesehener Gast.

„Der Gast, der von Straßburg, Frankfurt und Leipzig erzählte, der so viel Scherze, Spiele, Geschichten, Märchen wußte, der immer so lebhaft und gesprächig herumging, der seine Augen blitzen ließ, und wenn er mit seiner wohltönenden Stimme erzählte, zugleich Gesichter schnitt und mit allen Gliedern agierte, wie es der beste Komödiant nicht konnte, ein solcher Gast war für das Haus, wo es sonst so gleichmäßig-langweilig herging, ein Fest. Mit dem Vater konnte er über theologische Dinge oder über den von ihm gewünschten Neubau des Pfarrhauses hin und her reden, wie wenn er sowohl Pfarrer wie Baumeister wäre; trat er aber an die Dorfmädchen heran, die auf dem Hofe den selbstgeernteten Mais des Pfarrers und den ihm als Zehnten gelieferten für die Aufbewahrung zubereiteten, so machte er sie durch seine Späße so viel lachen, daß sie zum Welschkornbasten noch öfter wiederkommen mußten.

Man nötigte ihn aufrichtig zum Dableiben und zur Wiederholung des Besuchs." (W. Bode, Goethes Liebesleben, S. 70, 71).

Ein Zeitgenössin, die ins Sesenheimer Pfarrhaus eingeladen war, berichtete über folgende anekdotenhafte Begebenheit.

„Da ich einmal zu Tisch geladen war in der Pfarr, sah ich die Friederike, die die Kinder, die mit zu Gast sind, in der Nebenstube versorgt, wo auch andere junge Leute sind, die Eltern und andere Fremde speisten im großen Zimmer. Nun sehe ich, wie die Friederike aus einer Schüssel *Hühnerfrikassee* die besten Bissen aussucht, die Leberchen und die Bruststücke, Ich sage: Frau Base, was ist das mit der Friederike? Die ist sonst so demütig, und nun nimmt sie das Beste vom Essen? Ach, spricht sie, laßt sie nur; das ist nicht für sie. Schauen Sie in die andere Stube, da sitzt ein junger Herr, zu dem werden die guten Bissen schon den Weg finden. Ich schau hin und seh da einen schmucken jungen Student sitzen; der kriegt' auch alles. Das war Goethe."

HÄHNCHENFRIKASSEE IN RIESLING

1 Hähnchen (etwa 1000 gr.)
50 g Bratfett
Mehl zum Bestäuben
$1^{1}/_{2}$ l Wasser
Suppengrün (Lauch, Möhre, Sellerie)
250 g Spargel
0,2 l Riesling
2 Eigelb
Salz, Pfeffer
$^{1}/_{2}$ Zitrone

*

Das Hähnchen säubern, in Stücke teilen und diese in einem Bratentopf rumdum anbraten. Dann mit etwas Mehl bestäuben und mit dem Wasser auffüllen. Suppengrün hinzugeben, salzen und etwa $1^{1}/_{2}$ Stunden kochen lassen.

*

Das Fleisch herausnehmen, vom Knochen lösen, Haut entfernen und in mundgerechte Portionsstücke schneiden.

*

Aus der Brühe das Suppengrün herausnehmen, Riesling hinzugeben, einkochen lassen, den geschälten und in Stücke geschnittenen Spargel hinzugeben und noch 15 Minuten köcheln lassen. Von der Platte nehmen. Verrührtes Eigelb hinzugeben. Mit Salz und Pfeffer abschmecken. Mit Zitronensaft verfeinern. Das Fleisch in die Sauce geben.

Der Landball zwischen Schwarzbrot und Zitronenpunsch

Im Jahr 1774 erschien Goethes Briefroman „Die Leiden des jungen Werthers", der in der literarischen Welt für Furore sorgte und in zahlreichen Passagen auf autobiographische Ereignisse zurückgeht.

Im Jahr 1772 war Goethe am Reichskammergericht in Wetzlar tätig. Bei einem Landball lernte er Charlotte Buff kennen, um die Goethe intensiv warb, die aber mit dem Gesandtschaftssekretär Johann Christian Kestner bereits verlobt war.

Diese für Goethe unglückliche Situation wurde im Werther so verarbeitet, daß Werther an seinen Freund Wilhelm Briefe schrieb, in denen er seine Gefühle und seine schwärmerische Liebe offenbarte. Die erste Begegnung mit Lotte wird von Werther (hier Goethe) folgendermaßen geschildert:

„Ich schrieb dir neulich, wie ich den Amtmann S. habe kennen lernen, und wie er mich gebeten habe, ihn bald in seiner Einsiedelei, oder vielmehr seinem kleinen Königreiche zu besuchen. Ich vernachlässigte das, und wäre vielleicht nie hingekommen, hätte mir der Zufall nicht den Schatz entdeckt, der in der stillen Gegend verborgen liegt.

Unsere jungen Leute hatten einen Ball auf dem Lande angestellt, zu dem ich mich denn auch willig finden ließ. Ich bot einem hiesigen guten, schönen, weiters unbedeutenden Mädchen die Hand, und es wurde ausgemacht, daß ich eine Kutsche nehmen, mit meiner Tänzerin und ihrer Base nach dem Orte der Lustbarkeit hinausfahren, und auf dem Wege Charlotten S. . mitnehmen sollte. Sie werden ein schönes Frauenzimmer kennen lernen, sagte meine Gesellschafterin, da wir durch den weiten schön ausgehauenen Wald nach dem Jagdhause fuhren. Nehmen Sie sich in Acht, versetzte die Base, daß Sie sich nicht verlieben! Wie so? sagt' ich: Sie ist schon vergeben, antwortete jene, an einen sehr braven Mann, der weggereist ist, seine Sachen in Ordnung zu bringen nach seines Vaters Tod, und sich um eine ansehnliche Versorgung zu bewerben. Die Nachricht war mir ziemlich gleichgültig.

Die Sonne war noch eine Viertelstunde vom Gebürge, als wir vor dem Hoftore anfuhren, es war sehr schwüle, und die Frauenzimmer äußerten ihre Besorgnis wegen eines Gewitters, das sich in weißgrauen dumpfigen Wölkchen rings am Horizonte zusammen zu ziehen schien. Ich täuschte ihre Furcht mit anmaßlicher Wetterkunde, ob mir gleich selbst zu ahnden anfing, unsere Lustbarkeit werde einen Stoß leiden.

Ich war ausgestiegen. Und eine Magd, die ans Tor kam, bat uns, einen Augenblick zu verzeihen, Mamsell Lottchen würde gleich kommen. Ich ging durch den Hof nach dem wohlgebauten Hause, und da ich die vorliegenden Treppen hinaufgestiegen war und in die Türe trat, fiel mir das reizendste Schauspiel in die Augen, das ich jemals gesehen habe. In dem Vorsaale wimmelten sechs Kinder, von eilf zu zwei Jahren, um ein Mädchen von schöner mittlerer Taille, die ein simples weißes Kleid mit blaßroten Schleifen an Arm und Brust anhatte. Sie hielt ein schwarzes Brot und schnitt ihren Kleinen rings herum jedem sein Stück nach Proportion ihres Alters und Appetites ab, gabs jedem mit solcher Freundlichkeit, und jedes rufte so ungekünstelt sein: Danke! indem es mit den kleinen Händchen lang in die Höh gereicht hatte, eh es noch abgeschnitten war, und nun mit seinem Abendbrode vergnügt entweder wegsprang, oder nach seinem stillern Charakter gelassen davon nach dem Hoftore zuging, um die Fremden und die Kutsche zu sehen, darinnen ihre Lotte wegfahren sollte. Ich bitte um Vergebung, sagte sie, daß ich Sie herein bemühe, und die Frauenzimmer warten lasse. Über dem Anziehen und allerlei Bestellungen fürs Haus in meiner Abwesenheit, habe ich vergessen meinen Kindern ihr Vesperstück zu geben, und sie wollen von niemanden Brot geschnitten haben als von mir. Ich machte ihr ein unbedeutendes Kompliment, und meine ganze Seele ruhte auf der Gestalt, dem Tone, dem Betragen, und hatte eben Zeit, mich von der Überraschung zu erholen, als sie in die Stube lief ihre Handschuh und Fächer zu nehmen. Die Kleinen sahen mich in einiger Entfernung so von der Seite an, und ich ging auf das jüngste los, das ein Kind von der glücklichsten Gesichtsbildung war. Es zog sich zurück, als eben Lotte zur Türe herauskam, und sagte: Louis, gib dem Herrn Vetter eine Hand. Das tat der Knabe sehr freimütig, und ich konnte mich nicht enthalten, ihn ohngeachtet seines kleinen Rotznäschens herzlich zu küssen. Vetter? sagt' ich, indem ich ihr die Hand reichte, glauben Sie, daß ich des Glücks wert sei, mit Ihnen verwandt zu sein? O! sagte sie, mit einem leichtfertigen Lächeln, unsere Vetterschaft ist sehr weitläuftig, und es wäre mir leid, wenn sie der Schlimmste drunter sein sollten. Im Gehen gab sie Sophien, der ältsten Schwester nach ihr, einem Mädchen von ohngefähr eilf Jahren, den Auftrag, wohl auf die Kleinen Acht zu haben, und den Papa zu grüßen, wenn er vom Spazierritte zurückkäme. Den Kleinen sagte sie, sie sollten ihrer Schwester Sophie folgen, als wenn sie's selber wäre, das denn auch einige ausdrücklich versprachen. Eine kleine nasweise Blondine aber, von ohngefähr sechs Jahren, sagte: du bist's doch nicht, Lottchen! wir haben dich doch lieber. Die zwei ältsten der Knaben waren hinten auf die Kutsche geklettert, und auf mein Vorbitten erlaubte sie ihnen, bis vor den Wald mit zu fahren, wenn sie versprächen, sich nicht zu necken, und sich recht fest zu halten.

Wir hatten uns kaum zurecht gesetzt, die Frauenzimmer sich bewillkommt, wechselsweis über den Anzug und vorzüglich die Hütchen ihre Anmerkungen gemacht, und die Gesellschaft, die man zu finden erwartete, gehörig durchgezogen; als Lotte den Kutscher halten, und ihre Brüder herabsteigen ließ, die noch einmal ihre Hand zu küssen begehrten, das denn der ältste mit aller Zärtlichkeit, die dem Alter von fünfzehn Jahren eigen sein kann, der andere mit viel Heftigkeit und Leichtsinn tat. Sie ließ die Kleinen noch einmal grüßen, und wir fuhren weiter. (...)

Das Gespräch fiel auf das Vergnügen am Tanze. Wenn diese Leidenschaft ein Fehler ist, sagte Lotte, so gesteh ich ihnen gern, ich weiß nichts übers Tanzen. Und wenn ich was im Kopfe habe, und mir auf meinem verstimmten Klaviere einen Contretanz vortrommle, so ist alles wieder gut.

Wie ich mich unter dem Gespräche in den schwarzen Augen weidete, wie die lebendigen Lippen und die frischen muntern Wangen meine ganze Seele anzogen, wie ich in den herrlichen Sinn ihrer Rede ganz versunken, oft gar die Worte nicht hörte, mit denen sie sich ausdrückte! Davon hast du eine Vorstellung, weil du mich kennst. Kurz, ich stieg aus dem Wagen wie ein Träumender, als wir vor dem Lusthause still hielten, und war so in Träumen rings in der dämmernden Welt verloren, daß ich auf die Musik kaum achtete, die uns von dem erleuchteten Saale herunter entgegen schallte.

Die zwei Herren Audran und ein gewisser N. N. wer behält all die Namen! die der Base und Lottens Tänzer waren, empfingen uns am Schlage, bemächtigten sich ihrer Frauenzimmer und ich führte die meinige hinauf.

Wir schlangen uns in Menuets um einander herum, ich forderte ein Frauenzimmer nach dem andern auf, und just die unleidlichsten konnten nicht dazu kommen, einem die Hand zu reichen, und ein Ende zu machen. Lotte und ihr Tänzer fingen einen englischen an, und wie wohl mir's war, als sie auch in der Reihe die Figur mit uns anfing, magst du fühlen. Tanzen muß man sie sehen. Siehst du, sie ist so mit ganzem Herzen und mit ganzer Seele dabei, ihr ganzer Körper, eine Harmonie, so sorglos, so unbefangen, als wenn das eigentlich alles wäre, als wenn sie sonst nichts dächte, nichts empfände, und in dem Augenblicke gewiß schwindet alles andere vor ihr.

Ich bat sie um den zweiten Contretanz, sie sagte mir den dritten zu, und mit der liebenswürdigsten Freimütigkeit von der Welt versicherte sie mich, daß sie herzlich gern deutsch tanzte. Es ist hier so Mode, fuhr sie fort, daß jedes paar, das zusammen gehört, beim Deutschen zusammen bleibt, und mein Chapeau walzt schlecht, und dankt mir's, wenn ich ihm die Arbeit erlasse, ihr Frauenzimmer kann's auch nicht und mag nicht, und ich habe im Englischen gesehn, daß sie gut walzen, wenn sie nun mein sein wollen fürs Deutsche, so gehn sie und bitten sich's aus von meinem Herrn, ich will zu ihrer Dame gehn. Ich gab ihr die Hand drauf und es wurde schon arrangiert, daß ihrem Tänzer inzwischen die Unterhaltung meiner Tänzerin aufgetragen ward.

Nun ging's, und wir ergötzten uns eine Weile an mannichfaltigen Schlingungen der Arme. Mit welchem Reize, mit welcher Flüchtigkeit bewegte sie sich! Und da wir nun gar ans Walzen kamen, und wie die Sphären um einander herumrollten, gings freilich anfangs, weil's die wenigsten können, ein bißgen bunt durcheinander. Wir waren klug und ließen sie austoben, und wie die ungeschicktesten den Plan geräumt hatten, fielen wir ein, und hielten mit noch einem Paare, mit Audran und seiner Tänzerin, wacker aus. Nie ist mir's so leicht vom Flecke gegangen. Ich war kein Mensch mehr. Das liebenswürdigste Geschöpf in den Armen zu haben, und mit ihr herum zu fliegen wie Wetter, daß alles rings umher verging und - Wilhelm, um ehrlich zu sein, tat ich aber doch den Schwur, daß ein Mädchen, das ich liebte, auf das ich Ansprüche hätte, mir nie mit einem andern walzen sollte, als mit mir, und wenn ich drüber zu Grunde gehen müßte, du verstehst mich.

Wir machten einige Touren gehend im Saale, um zu verschnaufen. Dann setzte sie sich, und die *Zitronen*, die ich weggestohlen hatte beim *Punsch* machen, die nun die einzigen noch übrigen waren, und die ich ihr in Schnittchen, mit Zucker zur Erfrischung brachte, taten fürtreffliche Würkung, nur daß mir mit jedem Schnittgen das ihre Nachbarin aus der Tasse nahm, ein Stich durchs Herz ging, der ich's nun freilich Schanden halber mit präsentieren mußte.

Beim dritten Englischen waren wir das zweite Paar. Wie wir die Reihe so durchtanzten, und ich, weiß Gott mit wie viel Wonne, an ihrem Arme und Auge hing, das voll vom wahrsten Ausdrucke des offensten reinsten Vergnügens war, kommen wir an eine Frau, die mir wegen ihrer liebenswürdigen Miene auf einem nicht mehr ganz jungen Gesichte, merkwürdig gewesen war. Sie sieht Lotten lächelnd an, hebt einen drohenden Finger auf, und nennt den Namen Albert zweimal im Vorbeifliegen mit viel Bedeutung.

Wer ist Albert, sagte ich zu Lotten, wenns nicht Vermessenheit ist zu fragen. Sie war im Begriffe zu antworten, als wir uns scheiden mußten die große Achte zu machen, und mich dünkte einiges Nachdenken auf ihrer Stirne zu sehen, als wir so voreinander vorbeikreuzten. Was soll ich's ihnen leugnen, sagte sie, indem sie mir die Hand zur Promenade bot. Albert ist ein braver Mensch, dem ich so gut als verlobt bin! Nun war mir das nichts neues, denn die Mädchen hatten mir's auf dem Wege gesagt, und war mir doch so ganz neu, weil ich das noch nicht im Verhältnisse auf sie, die mir in so wenig Augenblicken so wert geworden war, gedacht hatte. Genug ich verwirrte mich, vergaß mich, und kam zwischen das unrechte Paar hinein, daß alles drunter und drüber ging, und Lottens ganze Gegenwart und Zerren und Ziehen nötig war, um's schnell wieder in Ordnung zu bringen."

Der Konflikt von Werther, der sich bereits in dieser Szene beim „Ball auf dem Lande" entwickelte und aus der Liebe zur verlobten Charlotte resultierte, verdichtete sich zunehmend und endet letztendlich im Selbstmord des hoffnungslos Verliebten.

Die Wirkung des Romans „war groß, ja ungeheuer... weil es genau in die rechte Zeit traf." (Goethe: Dichtung und Wahrheit) Die Folge waren eine Reihe von Selbstmorden, aber auch ein eigenes Parfun. „Eau de Werther" wurde kreiiert, es gab Werther-Nippes und eine eigene Werther-Mode: Hierzu gehörte ein blauer Frack mit Messingknöpfen, eine gelbe Weste, ein runder Filzhaut, braune Stiefel und ungepudertes Haar.

Zitronen-Eierpunsch mit Schokolade

Dieser süß und sauer Punsch schmeckt auch ohne Alkohol sehr gut.

✻

50 g Halbbitter-Schokolade
$^{1}/_{4}$ l Milch
2 Eigelb
70 g Zucker
8 cl Rum
$^{1}/_{4}$ l Zitronensaft

✻

Die Schokolade reiben und mit Zitronensaft und Milch aufkochen.

✻

Die Eigelb mit Zucker schaumig rühren und unter ständigem Schlagen langsam in die kochende Milch gießen.

✻

Vor dem Servieren den Rum unterrühren.

Irritation, Faszination, Sehnsucht, Unverstand

Goethe, der nicht nur in seiner Heimatstadt Frankfurt auf Grund seiner literarischen Erfolge (Götz, Werther) im Jahr 1775 bereits ziemlich bekannt und berühmt war, hielt sich aus dem gesellschaftlichen Leben des gehobenen Bürgertums weitgehend heraus.

Dieses änderte sich schlagartig, als er zu einer gesellschaftlichen Zusammenkunft bei den Schönemanns am Frankfurter Kornmarkt eingeladen wurde, denn hier traf er sie, Lilli Schönemann, die Tochter des Hauses, in die Goethe sich auf der Stelle verliebte.

„Eine hübsche Blondine, sechzehnjährig, sitzt am Flügel, als Goethe eintritt und spielt mit Anmut und Fertigkeit. Goethe stellt sich neben das Instrument und betrachtet sie. Das Mädchen erhebt sich nach beendeter Sonate und begrüßt ihn mit der Leichtigkeit einer jungen Weltdame. Ein Quartett hat inzwischen begonnen. Die beiden sehen sich aufmerksam an, und Goethe empfindet noch nach vierzig Jahren, ‚daß ich ganz zur Scham stand.'" (R. Friedenthal, Goethe, S. 192)

Die Anziehungskraft, Irritation, Faszination, Verzauberung, Sehnsucht, Verlockung findet sich in folgendem Gedicht von Goethe wieder:

Warum ziehst du mich unwiderstehlich
Ach! in jene Pracht?
War ich guter Junge nicht so selig
In der öden Nacht?

Heimlich in mein Zimmerchen verschlossen
Lag im Mondenschein,
Ganz von seinem Schauerlicht umflossen
Und ich dämmert' ein;

Träumte da von vollen goldnen Stunden
Ungemischter Lust,
Hatte ganz dein liebes Bild empfunden
Tief in deiner Brust.

Bin ich's noch, den du bei so viel Lichtern
An dem Spieltisch hältst?
Oft so unerträglichen Gesichtern
Gegenüber stellst?

Reizender ist mir des Frühlings Blüte
Nun nicht auf der Flur;
Wo du Engel bist, ist Lieb' und Güte,
Wo du bist, ist Natur.

Elisabeth Schönemann war die Tochter einer reformierten Kaufmannsfamilie. Da der Vater bereits verstorben war, betrieb die Mutter mit ihren vier Söhnen die Bankgeschäfte.

Die Tochter war mit allen erdenklichen Vorzügen ausgestattet, die auch Goethe beeindruckten. Sie hatte eine gute Ausbildung genossen, war musisch begabt, konnte gut zeichnen, „lieblich" singen und Klavier spielen. Darüber hinaus war sie blond, hübsch, attraktiv, konnte sich auf dem gesellschaftlichen Parkett perfekt bewegen, liebte es, von Verehrern umschwärmt zu werden und die Frankfurter Männerwelt zu umgarnen.

„Diese Demoiselle Elisabeth Schönemann war sehr unbequem. Die Liebe zu ihr war eine sehr hitzige, brennende, quälende Angelegenheit, ein wirkliches Feuer, nicht eines, an dem man sich wärmen und von dem man aufstehen konnte, wenn es einem zu stark wurde. (..) Hier aber, zum ersten und wohl auch einzigen Male, hat er sich gefangen gefühlt, ‚im Sack', wie er in Leipzig angstvoll geträumt hatte." (R. Friedenthal, Goethe, S. 193)

Mit der Verliebtheit in Lilli gab Goethe seine gesellschaftliche Zurückhaltung in Frankfurt auf und wurde auch häufiger Gast bei den Schönemanns.

„In diesem Hause, am Kornmarkte ward Goethe eingeführt; die vielen Festlichkeiten der Jahreszeit brachten ihn sogleich häufig mit dem schönen Mädchen zusammen; sie zog ihn an. Nun schmückte er sich, kleidete sich vorschriftsmäßig und machte auf einmal den feinen und galanten Mann, um ‚Lilli', wie er statt des unpoetischen ‚Liese' sagte, zu sehen und ihr zu gefallen." (W. Bode, Goethes Liebesleben, S. 131)

Kein Wunder, daß Goethe plötzlich zum „Partylöwen" wurde. Dieses bemerkte auch der Maler Kraus, der über Goethe schrieb: „Goethe ist jetzt so lustig und munter in Gesellschaften, geht auf

Bälle und tanzt wie rasend, macht den Galanten beim schönen Geschlecht: Das war er sonsten nicht!"

Mit dem Beginn des Frühlings wurde auch der Wunsch der beiden Verliebten größer, Tage zu zweit zu verbringen. Dazu unternahm man, für alle unauffällig und nicht verdächtig, „Liebesfahrten" nach Offenbach.

„Lilli hatte nächste Verwandte in Offenbach, die d'Orvilles und Bernards, und war von Kindheit auf in der Sommerzeit oft und lange bei ihnen zu Besuch; Goethe konnte sich dort bei einem guten Bekannten, dem Seidenfabrikanten und Komponisten Johann André einquartieren, der gleichfalls zur französisch-reformierten Kolonie gehörte. Hier in den großen Gärten und auf Spaziergängen durch die Felder oder am Flusse entlang waren die Liebenden öfter allein, sprachen sie freier, verbanden sie sich noch inniger als früher in der Winterlust der Stadt. Schon am 7. März begann Goethe diese Ausflüge nach Offenbach, und der Monat war noch nicht zu Ende, als er dem Herderschen Paare eine Andeutung über das Ende seiner Junggesellen-Einsamkeit machte:

‚Es sieht aus, als wenn die Zwirnsfäden, an denen mein Schicksal hängt und die ich schon so lange in rotierender Oszillation auf- und zutrille, sich endlich knüpfen wollten.'" (W. Bode, Goethes Liebesleben, S. 134)

Hier in Offenbach kamen Goethe und Lilli sich näher. Während Lilli sich im Nebenzimmer für einen Ausritt umkleidete, saß Goethe in ihrem Zimmer am Schreibtisch und schrieb Briefe, besonders an seine Brieffreundin Gustchen von Stolberg.

„Hier fließt der Main; grad drüben liegt Bergen, auf einem Hügel hinterm Kornfeld; von der Schlacht bei Bergen haben Sie wohl gehört. Da links unten liegt das graue Frankfurt mit dem ungeschickten Turm, das jetzt für mich so leer ist als mit Besen gekehrt. Da rechtsauf artige Dörfchen. Der Garten da unten, die Terrasse auf den Main hinunter. Und auf dem Tisch hier ein Schnupftuch, ein Panier, ein Halstuch drüber; dort hängen des lieben Mädchens Stiefel. (Nota bene: heute reiten wir aus.) Hier liegt ein Kleid; eine Uhr hängt da; viel Schachteln und Pappedeckel zu Hauben und Hüten. (...) Ich hör' ihre Stimme. Ich darf bleiben: sie will sich drinne anziehn. -- Gut, Gustchen! Ich hab' Ihnen beschrieben, wie's um mich herum aussieht, um die Geister durch den sinnlichen Blick zu vertreiben. Lilli war verwundert, mich da zu finden; man hatte mich vermißt. Sie fragte, an wen ich schreibe; ich sagt's ihr." Goethe und Lilli Schönemann wurden bei der Familie d'Orvilles wie Verlobte angesehen.

„Die d'Orvilles nehmen den jungen Goethe sehr freundschaftlich in ihrem Hause auf. Er spielt mit den Kindern und besorgt ihnen vom Frankfurter Spielzeugmarkt das schönste Spielzeug; (...) Er bedankt sich mit einem liebenswürdigen Briefgedicht, in dem die Kinder mit arabischen Spitznamen Mufti, Ali Bey, Abu Dahab genannt werden, auf dem Schoß herumklettern und der Lili, die Kopfschmerzen hat, im Namen des Dichters einen Kuß geben; der alte Diener kommt herein und fragt nach den Wünschen der Damen zum Essen, man wünscht *Kapaun* und *Wildbret*; (...) Im freieren Offenbach, wo Goethe beim Freund André wohnt und wo Lili nicht unter der mißtrauischen Aufsicht ihrer Brüder steht, kommt man auch intimer zusammen. (...) In seinen biographischen Notizen aus späterer Zeit findet sich nur die kurze Wortreihe: ‚Abenteuer mit Lilli, Einleitung, Verführung. Offenbach.'" (R. Friedenthal, Goethe, S. 196)

Zwischen Goethe und Lilli Schönemann gab es zwar keine offizielle Verlobung, aber die beiden betrachteten sich als verlobt, und dieses Verlöbnis wurde von den Elternhäusern getragen, auch wenn es erhebliche Bedenken gab. Je näher eine Hochzeit jedoch rückte oder allein der Gedanke daran, desto reservierter wurden die Elternhäuser. Auch Goethe selbst wurde immer unsicherer.

Allmählich entstanden bei Goethe, nicht bei Lilli, die ersten Bedenken, Selbstzweifel.

„Ja, eben das stellte ihn vor die verdrießliche Frage, was nun geschehen solle. Heiraten, einen Hausstand gründen, einen Beruf ausüben, Kinder aufziehen, Ehre unter den Mitbürgern genießen - zu all diesen guten Sachen war gerade er noch nicht vorbereitet. Eine Braut, zumal eine solche wie Lilli, hatte das Recht, ihm ganz für sich zu fordern; er sollte also auf seine Freiheit verzichten und in einen Käfig gehen. Er sollte nun sein Leben lang keine Andere mehr lieben als diese Elisabeth Schönemann. War das möglich? Liebte er nicht sogar jetzt, wo dieses Mädchen ihm so ganz neu war, auch jene Nie-Gesehene im fernen Holstein?" (W. Bode, Goethes Leben 1774-1776, S. 52)

Die Entlobung erfolgte nach Goethes Schweizreise und zu dem Zeitpunkt, als der Herzog Carl August Goethe von Frankfurt nach Weimar holen wollte.

Nach W. Bode soll sich diese Entlobung bei den Schönemanns abgespielt haben. Bei einer großen Gesellschaft soll Frau Schönemann folgende Erklärung abgegeben haben, „Goethe habe um ihre Tochter angehalten, aber wegen der Verschiedenheit der Religion schicke sich diese Heirat nicht. Nach einer solchen Rede war für Goethe die Familie Schönemann erledigt, und er für sie. Warum die Dame so grob der Sache ein Ende machte, fragten die Leute, die diese Geschichte weitertrugen, und sie antworteten: weil sie nur dadurch ihr Ziel erreichen konnte. Bei einem Gespräch unter vier Augen hätte Goethe sie mit seiner Beredsamkeit wieder herumgedreht oder das Töchterlein hätte mit Seufzen und Tränen ihr Herz bestürmt, und man wäre aus dem Schwanken lange nicht herausgekommen." (W. Bode, Goethes Leben 1774-1776, S. 210)

In einem Brief an Lilli schrieb Goethe: „Lilli, Adieu! Lilli: zum letzten Mal! Das erste Mal schied ich noch hoffnungsvoll, unsere Schicksale zu verbinden. Es hat sich entschieden: wir müssen einzeln unsre Rollen ausspielen. Mir ist in dem Augenblicke weder bange für Dich, noch für mich, so verworren es aussieht. Adieu!

Und Du! Wie soll ich Dich nennen, Dich, die ich wie eine Frühlingsblume am Herzen trage, Holde Blume sollst Du heißen! Wie nehm' ich Abschied von Dir? Getrost, denn noch ist es Zeit. Noch die höchste Zeit. Einige Tage später, und schon ... O lebe wohl!"

Goethe schrieb später zurückblickend über Lilli Schönemann: „Sie war in der Tat die erste, die ich tief und wahrhaft liebte. Auch kann ich sagen, daß sie die letzte gewesen; denn alle kleinen Neigungen, die mich in der Folge meines Lebens berührten, waren, mit jener verglichen, nur leicht und oberflächlich. (...) Meine Neigung zu ihr hatte etwas so Delikates und etwas so Eigentümliches, daß es jetzt in der Darstellung jener schmerzlich-glücklichen Epoche auf meinen Stil Einfluß gehabt hat. Wenn Sie künftig den vierten Band von 'Wahrheit und Dichtung' lesen, so werden Sie finden, daß jene Liebe etwas ganz anderes ist als eine Liebe in Romanen."

Gefüllte Flugente mit Kartoffel-Rouladen

1 Nantanser Ente
Salz, Pfeffer, Muskat
Öl
1 Spitzkohl

Für die Füllung
25 g Shiitake-Pilze
50 g Herbsttrompeten
Butter zum Andünsten
Salz, Pfeffer, Zitronensaft
30 g Spitzkohl in Würfel geschnitten
30 g Geflügelfarce

Für die Sauce
Flügel und Hals der Ente kleinhacken
Öl
1 Zwiebel, gewürfelt
1 Karotte, gewürfelt
1 Staudensellerie, geschnitten
1 Knoblauchzehe
$^{1}/_{4}$ l Rotwein
$^{1}/_{8}$ l Portwein
$^{1}/_{2}$ l Kalbsfond oder Geflügelfond
3 Wacholderbeeren
10 Pfefferkörner
1 Lorbeerblatt
1 Thymianzweig
1 Rosmarinzweig
Salz, Pfeffer
1 kleine rohe Kartoffel

Für den Crêpe-Teig
50 g Mehl
$^{1}/_{4}$ l Milch
2 Eier
3 EL flüssige Butter
Salz

Für die Rouladen
250 g mehlige Kartoffeln
50 g heiße Milch
Salz, Pfeffer, Muskat
15 g Karottenwürfel, gekocht
15 g Selleriewürfel, blanchiert
25 g grüne Bohnen, gekocht und in schmale Stücke geschnitten
Je 15 g Zwiebeln und Championwürfel in Butter gedünstet
2 Eßlöffel Schnittlauch
2 Eßlöffel Petersilie

*

Die Ente ausnehmen und waschen. Hals und Flügel entfernen und für die Sauce hacken. Die Ente außen salzen und pfeffern. Natasui-Enten sind weniger fett und besonders aromatisch.

*

Für die Füllung die fein geschnittenen Pilze in Butter dünsten, mit Salz, Pfeffer und Zitronensaft würzen. - Auskühlen lassen, den Spitzkohl und die Geflügelfarce zugeben, alles vermischen und abschmecken.

*

Zwischen Haut und Brust der Ente eine Tasche einschneiden. Die Farce in einen Spritzbeutel geben und damit die Brusthälften füllen. Die Ente in eine heiße Kasserolle legen, in den auf 180 Grad vorgeheizten Ofen stellen und 30 Minuten braten. (Die Keulen brauchen eventuell etwas länger.). Dabei immer wieder mit dem ausgetretenen Fett begießen.

*

Die Spitzkohlblätter ablösen, in Salzwasser abkochen und in Eiswasser abschrecken, damit sie ihre grüne Farbe behalten. Abtropfen lassen, vor dem Anrichten in Butter heiß schwenken.

*

Für die Sauce den Entenhals und die Flügel in Öl gut anbraten, die fein geschnittenen Gemüse, die Äpfel und den Knoblauch dazugeben. Alles gut anrösten, das Tomatenmark unterrühren und kurz mitrösten lassen.

*

Mit der Hälfte des Port- und Rotweins ablöschen, etwas einkochen lassen und wieder mit dem Rest ablöschen. Mit dem Kalbs- oder Geflügelfond auffüllen.

*

Damit die Sauce etwas Bindung bekommt, die rohe Kartoffel hineinreiben, aufkochen und bei kleiner Hitze etwa eine Stunde köcheln lassen, dabei öfter das Fett abschöpfen. Durch ein feines Spitzsieb passieren und gut durchdrücken.

*

Beim Crêpe-Teig für die Kartoffel-Rouladen daran denken, Eier, Butter und Milch mindestens eine Stunde vor der Zubereitung aus dem Kühlschrank zu nehmen. Das Mehl in eine Schüssel geben, mit der Milch gut verrühren und durch ein feines Sieb passieren.

*

Die beiden Eier zugeben, die Butter einrühren und mit einer Prise Salz würzen. Zugedeckt mindestens 30 Minuten stehenlassen und ein Crêpe (etwa 10 cm Durchmesser) backen.

*

Für die Rouladen die frisch gekochten Kartoffeln abgießen, durch ein Sieb passieren und mit heißer Milch gut verrühren. Mit Salz, Pfeffer und Muskat abschmecken und auskühlen lassen. Die Gemüsewürfel, die Zwiebel Champignonwürfel und die Kräuter mit dem Kartoffelpüree vermischen und auf den Crêpe streichen. Wie eine Schnecke aufrollen und kühlstellen. Schräg in zwei Zentimeter dicke Scheiben schneiden und in Öl braten.

Zitronengras-Eis

Für knapp 1 l:
200 g frisches Zitronengras
200 ml Limettensaft
200 g Zucker
1 Eßlöffel Glukose
1 Prise geriebene Muskatnuß
200 g süße Sahne
400 ml Milch

*

Das Zitronengras mit dem Sägemesser in kleine Stücke schneiden. Mit dem Limettensaft einmal aufkochen.

*

Den Zucker hinzufügen und nochmals aufkochen.

*

Die Flüssigkeit vom Herd nehmen und Glukose und Muskat einrühren. Die Masse abkühlen lassen, und erst wenn sie richtig kalt ist, die Sahne und die Milch dazugeben.

*

Die Eismasse in eine Schüssel umfüllen und über Nacht ziehen lassen.

*

Am nächsten Tag alles mit dem Stabmixer pürieren.

*

Die Eismasse durch ein Haarsieb passieren und in der Eismaschine oder der Sorbeture gefrieren.

Goethes Ankunft in Weimar: „Werther!?" - flüstert sie kokett und verliebt

Im Frühjahr des Jahres 1774 gab Goethe seinen Briefroman „Die Leiden des jungen Werthers" heraus. Dieses Werk, das sich mit autobiographischen Erlebnissen während seiner Zeit in Wetzlar befaßt, eine unglückliche Liebe thematisiert und im Selbstmord des literarischen Protagonisten endet, wurde zu einem Bestseller mit einer ungeheuren Wirkung.

„Das Werk zündete ein Feuer an, ein Strohfeuer, auch Schadenfeuer, wie kein deutsches Buch bisher und keines je nachher. Es gab eine Werther-Epidemie, ein Werther-Fieber, eine Werther-Mode, bei der die jungen Herren nach der Schilderung des Buches in blauem Frack und gelber Weste erschienen. Es gab Werther-Selbstmorde, Feiern zu Werthers Gedächtnis am Grabe seines Urbildes, Werther-Predigten gegen das Schandwerk, Werther-Karikaturen, und das nicht nur für ein Jahr, sondern auf Jahrzehnte hinaus, (...)" (R. Friedenthal, Goethe, S. 159)

Die Begeisterung für den Werther und natürlich den Autor, der „über Nacht" bekannt und berühmt wurde, erfaßte ganz besonders Mädchen und junge Damen, die den Zeitgeist in dem Werk wiederfanden. Für sie gab es daher auch nichts wichtigeres in ihren Vorstellungen, als den Autor dieses Romans persönlich kennenzulernen.

Zu diesen jungen Frauen gehörte auch beispielsweise Auguste Gräfin zu Stolberg. Diese schrieb am 14. November 1774 an Boie:

„Sagen Sie mir, ich bitte Sie, was sagen Sie zu ‚Die Leiden des jungen Werther'? Ich kann Ihnen versichern, daß ich fast nichts - ich nehme allein unsern Klopstock aus - mit dem Entzücken gelesen habe. Ich weiß fast das ganze Buch auswendig. Der erste Teil insonderheit hat ganz göttliche Stellen, und der zweite ist schrecklich schön. Goethe muß ein trefflicher Mann sein! Sagen Sie mir, kennen Sie ihn? Ich möchte ihn wohl kennen. Welches warme, überfließende Herz! Welche lebhaften Empfindungen!

Wie offen muß sein Herz jeder Schönheit der Natur, des Geistes und des Herzens sein! Man fühlt es in jeder Zeile ab, wie mich dünkt, daß er so und ebenso denkt und empfindet, als er schreibt. Nur wollte ich, daß er die Irrtümer in Werthers Art zu denken widerlegte oder zum wenigsten es den Leser fühlen lassen, daß es Irrtümer sind. Ich fürchte, viele werden glauben, daß Goethe selbst so denkt. Stellen Sie sich meinen Schrecken vor, als ich, nachdem ich es gelesen hatte, hörte, daß es leider kein Roman, sondern die wahre Geschichte des armen unglücklichen jungen Jerusalems ist. Gottlob, daß ich es nicht vorher wußte."

Nachdem Boie Goethe kennengelernt hatte, schrieb ihm Auguste Gräfin zu Stolberg:

„Sie haben also Goethe kennengelernt. Happy man! Ich weiß meinen ‚Werther' bald auswendig. O es ist doch ein gar zu göttliches Buch! Und doch geht es mir oft, wie es Ihnen geht: ich wollte, daß es nicht gedruckt wäre; ich denke immer, es ist zu gut für diese Welt..." (7.3.1775)

Bei den vor allem weiblichen Goethe-Fans wurde keine Unterscheidung mehr zwischen dem Autor und dem Helden des Romans vorgenommen; der Autor war der Held; und Goethe wurde göttergleich von seinem Lesepublikum angehimmelt.

Zu diesen begeisterungsverrückten jungen Damen ist auch Sophia von Kalb zu zählen, die in Weimar bei ihren Eltern wohnte.

Man kann sich wohl kaum vorstellen, was in dieser Dame vorging, als sie davon erfuhr, daß Goethe mit ihrem Vater, dem Kammerpräsidenten, nach Weimar kommen würde, und, noch verrückter, im Haus ihrer Eltern absteigen würde, also mit ihr unter einem Dach. Daselbst würde Goethe seine erste Nacht in Weimar verbringen. Also ließ sich Sophia die Gelegenheit nicht entgehen, um sich als „Werther-Groupie zu outen."

Mitten in der Nacht des 7. November 1775 trat Goethe in Weimar ein. Die Kutsche hielt vor dem Haus des Kammerpräsidenten von Kalb.

„Verstohlen mustert der alte Kalb den Gast, der steif, in kühler Reserve, neben dem unaufhörlich plaudernden Kammerherrn steht. (...) Der Kammerpräsident von Kalb lehnt grundsätzlich die Bücher des neuen ‚Originalgenies' ab. Und er hat mit tiefer Indignation bemerkt, daß am Hof wie in der Stadt, in adligen

Hirnen wie in gemein bürgerlichen, eine üble Krankheit grassiert: das Wertherfieber.

Nun, wenn's des Herzogs Geschmack ist... Verbindlich fordert er den Gast auf, sich in seinem Hause einzurichten, zu bleiben, solange es ihm beliebe. Der Dr. Goethe dankt mit stummer Verbeugung." (F. A. Hohenstein, Weimar und Goethe, S. 7).

Die Tochter Sophia hatte natürlich schon längst bemerkt, daß der Autor des Werther eingetroffen war und sich in seiner Kammer aufhielt.

„Durch die dünne Wand dringt schon das Schnarchen des Kammerherrn, er holt ein wenig vom versäumten Schlaf nach. Der Dr. Goethe steht am Fenster, mählich will es draußen hell werden. Ein freier Platz liegt dem Kalbschen Haus grad gegenüber - der Töpfermarkt. Zur Rechten, breit hingelagert, mit Strebepfeilern und spitzen Dachgauben, eine Kirche - die Stadtkirche zu St. Peter und Paul.

Irgend etwas bewegt sich im Zimmer. Der Dr. Goethe wendet sich nicht um. Aber er spürt's ganz deutlich: die leichten Füße, die da vorsichtig, Schritt für Schritt, über den Teppich schleichen, gehören zu dem neugierig kecken Augenpaar, das er vorhin, eine Sekunde lang, hinterm Rücken des Herrn Papa in einem Türspalt gesehen. Und aus der Schilderung des Kammerherrn weiß er, daß dies das Fiekchen ist, Sophie von Kalb, die zwanzigjährige Schwester.

Leis dreht er sich um, greift sie. Sie quietscht ein wenig, aber nicht allzu laut... sie weiß schon Bescheid. ‚Werther', flüstert sie kokett und verliebt. Er drückt ihr einen schallenden Kuß auf den blanken Nacken, schiebt sie lachend zur Tür hinaus. Was allzu billig ist, das lockt nicht." (F. A. Hohenstein, Weimar und Goethe, S. 9)

Goethe war natürlich in den ersten Tagen nach seiner Ankunft in Weimar eine Hauptattraktion, vor allem bei den jungen Damen, denen jede Abwechslung, vor allem wenn sie männlich, attraktiv und berühmt war, recht kam.

„Er sah die neuen Freundinnen gern, er scherzte mit ihnen, er nannte sie mit dem elsässischen Worte ‚Miesel', Mäuslein, und er ‚mieselte', d.h. er kokettierte mit ihnen, sodaß sie ihn selbst kokett schalten; aber es wurde kein Ernst aus dem Spiel. In der Familie v. Kalb wohnte er die ersten Wochen; da war eine zwanzigjährige Tochter Sophie, ein zierliches Mädchen mit schönen schwarzbraunen Augen, zärtlichen Gemütes; Goethe kam mit ihr etwas ins Gerede, und es ward schon erwogen, ob der adelsstolze Vater seine Tochter wohl einem Bürgerlichen geben würde." (W. Bode, Goethes Liebesleben, S. 157)

Sophia von Kalb war Mitglied des Weimarer Hofes und hatte damit Zutritt zu allen geselligen Kreisen. Sie kokettierte mit Goethe, er nannte sie liebevoll „zierliches Weibchen". „Ihr Haar war dunkel, locker und voll; die Augen braun, groß und flink; die Gesichtszüge ‚chiffoniert', das heißt unregelmäßig, doch pikant-hübsch, und kleine Melodien pfiff sie (auch zu Goethes Entzücken) munter wie ein Gassenjunge." (E. Biedrzynski, Goethes Weimar, S. 410)

Warum es nichts zwischen Goethe und Sophia von Kalb wurde? Sie war adlig und er (noch) bürgerlich, vielleicht hätte sie statt der Überrumplungsaktion in jener Nacht mit einem *sinnlichen Nachtmenü* locken sollen. Denn wie dachte Goethe doch möglicherweise: „Was allzu billig ist, das lockt nicht!"

Fünfkornbrot

Für 1 Kastenform von 30 cm Länge
Zubereitungszeit: 2 Stunden
Einweichzeit: 8 Stunden
Ruhezeit: 1 Stunde
Bei der Brotherstellung ist eine Küchenmaschine mit Knethaken nützlich. Steht nur ein Handmixer zur Verfügung, dann den Teig lieber mit den Händen kneten.

Für die kernige Mischung
je 35 g Hafer, Sonnenblumenkerne, Sesam und Dinkel
30 g Hirse

Für den Teig:
20 g Zucker
30 g Hefe
200 g Roggenmehl, Type 1150
200 g Weizenmehl, Type 550
200 g Weizenvollkornmehl und Mehl zum Arbeiten
100 g Sauerteig (beim Bäcker erhältlich)
80 g Weizenmehl
10 g Brotgewürz
20 g Salz
10 g Butter für die Form

*

Die kernige Mischung für 8 Stunden in 200 ml nicht zu kaltem Wasser quellen lassen.

*

Den Zucker in 150 ml zimmerwarmem Wasser auflösen und die Hefe darin glattrühren.

*

Das Hefewasser mit den gesiebten Mehlen, dem Sauerteig, dem Weizenhebel, Brotgewürz und Salz in eine Schüssel geben und mit den Knethaken der Küchenmaschine bei höchster Geschwindigkeit zu einem Teig verkneten.

1700 Briefe voller Liebe, Sehnsucht, Leidenschaft und kulinarischer Genüsse

Am Ende des Jahres 1775 lernte Goethe in Weimar Charlotte von Stein kennen. Sie war sieben Jahre älter, mit dem Stallmeister Friedrich Freiherr von Stein verheiratet und hatte vier Kinder.

Die Ehe mit ihrem Mann war recht unglücklich, da der Gatte recht oberflächlich war, die feinfühlige intellektuelle Ader seiner Frau nicht teilte, in Diensten des Herzogs stand und daher nur selten daheim weilte.

„Nur selten besuchte sie noch größere Festlichkeiten. So lebte sie einsam dahin, an der Seite eines Gatten, der im Hofleben fast aufging und sich in seinen Mußestunden nur mit landwirtschaftlichen Fragen, mit Pferden, Mastochsen und Wagenbau zu beschäftigen wußte, während seine Frau zu Büchern ihre Zuflucht nahm. Aber dadurch, daß sie von dem Leben nichts mehr erwartete, daß ihre Lebensaufgabe erfüllt zu sein schien, hatte sie die Möglichkeit, die angeborene Gabe der Einfühlung zu entwickeln. Sie gleicht einem Klavier, das erst durch einen Meister zur Entfaltung seiner vollen Klangschönheit gelangen kann. Der Einfühlungsgabe dieser Frau, ihrem Verständnis für die Genialität ihres Liebhabers war es vorbehalten, alle die zarten Mädchengestalten der Vorweimarer Zeit aus der Seele des Dichters zu verdrängen." (Goethes Briefe an Charlotte von Stein, Erster Band, S. VI)

Diese Liebe zwischen Goethe und Charlotte von Stein fand auch ihren Ausdruck in einem atemberaubenden Briefwechsel, der die Jahre 1776 bis 1826 umfaßte.

Über 1500 Briefe hat allein Goethe an Charlotte von Stein geschrieben. Über die Briefe von Charlotte von Stein an Goethe gibt es nur vage Vermutungen, denn ihre Briefe hat sie von Goethe zurückgefordert und vernichtet. Bereits in einem seiner ersten Briefe wies Goethe Charlotte auf die kommende Briefflut hin. „Ich fange wieder an zu schreiben, es wird eine Billet

Kranckheit unter uns geben, wenn's so von morgen zur Nacht fortgeht." (29. Januar 1776)

Der zentrale Punkt, um den sich in Goethes Briefen alles drehte, war jedoch seine schmachtende Liebe zu der angehimmelten verheirateten Frau.

Diese Flut von Liebesbekenntnissen, die zwischen Goethes Wohnhaus und Charlottes Wohnung in Weimar pendelten, dauerte fast zehn Jahre, von 1776 bis 1786, ehe die Flucht von Goethe nach Karlsbad und seine italienische Reise für einen gravierenden Einschnitt in der Beziehung sorgte. Der Bruch mit Charlotte von Stein erfolgte nach seiner Rückkehr, als er Christiane Vulpius kennenlernte und sie in sein Haus einzog.

Die anfängliche Begeisterung von Charlotte von Stein für Goethe drückt sich beispielsweise in einem Brief aus, den sie am 10. Mai 1776 an Zimmermann schickte.

„Mir geht's mit Goethen wunderbar. Nach acht Tagen, wie er mich so heftig verlassen hat, kommt er mit einem Übermaß von Liebe wieder. Ich hab zu mancherlei Betrachtungen durch Goethen Anlaß bekommen; je mehr ein Mensch fassen kann, deucht mir, je dunkler, anstöß'ger wird ihn das Ganze, je eher fehlt man den ruhigen Weg. Gewiß hatten die gefallnen Engel mehr Verstand wie die übrigen. (...)

Ich bin durch unsern lieben Goethe ins Deutsch-Schreiben gekommen, wie Sie sehen, und ich dank's ihm. Was wird er wohl noch mehr aus mir machen? Denn, wenn er hier, lebt er immer um mich herum. Jetzt nenn ich ihn meinen Heiligen, und darüber ist er mir unsichtbar worden, seit einigen Tagen verschwunden, und lebt in der Erde fünf Meilen von hier in Bergwerke ... Lenz, Goethens Freund, ist hier, aber es ist kein Goethe! Goethe und Wieland haben sich alle beide hier Gärtens gekauft, sind aber nicht Nachbarn, sondern liegen an verschiedne Tore. In Goethens Garten hab ich schon einmal Kaffee getrunken und von seinen *Spargel* gegessen, den er selbst gestochen und in seinen Ziehbrunnen gewaschen hatte. In Goethens Garten ist die schönste Aussicht, die hier zu haben ist. Er liegt an einen Berg, und unten ist die Wiese, die von einen kleinen Fluß durch schlungen wird."

In diesem Brief wird verdeutlicht, daß Charlotte und Goethe „ein Herz und eine Seele" waren und nicht mehr ohne einander konnten.

Dieses vermittelt nicht nur der Briefverkehr, sondern auch die zahlreichen „Liebesgaben", die zwischen den beiden hin und her gingen, bezeichnen die innige sinnliche Beziehung.

„Auch durch häufige Geschenke kam die Verbundenheit Goethes und Charlottens zum Ausdruck, durch ein so vielmaliges Geben und Nehmen, daß es fast wie ein Anfang von Gütergemeinschaft aussah. Gewöhnlich handelte es sich um Blumen, Obst, Gemüse, fertige Speisen oder um Bücher, Bilder, Zeichengeräte oder um Bänder, Schleifen, kleine Schmuckstücke; Goethe lieferte viele Erzeugnisse seines Gartens in Charlottes Küche, desgleichen seine Anteile von den fürstlichen Jagden: Hasen, Rebhühner, Fasanen, Schwarz- und Rotwild; ebenso das Kommißbrot, das er als Vorsteher der Militärbäckerei erhielt; Charlotte dagegen hatte den Freund oft bei Tische, mittags oder abends. ‚Frühmorgens nehme ich mir vor, zu Hause zu bleiben, und bestelle mein Essen,' so begann eins seiner Zettelchen, ‚wenn's gegen Mittag kommt, zieht mich das alte Verlangen zu Ihnen.' Regelmäßig aber stellte er sich abends ein; um halb Acht kam er über den Hof und die Treppe hinauf; dann aßen und plauderten sie, und den Zapfenstreich hörten sie fast jeden Abend noch zusammen." (W. Bode, Goethes Liebesleben, S.176)

Gerade bei Goethe und Charlotte von Stein bewahrheitete sich das Sprichwort, daß Liebe durch den Magen geht. Nicht von ungefähr ist in den Billets, die Goethe an seine Freundin schickte, so oft von gemeinsamem Essen und Trinken die Rede.

Von den kulinarischen Genüssen, die brieflich angekündigt werden, ragt insbesondere der *Spargel* heraus.

Gerade während der Spargelsaison bildete dieses Edelgemüse eine zentrale Liebesgabe. Goethe, der auch gärtnerisch aktiv war und seinen eigenen Spargel züchtete, konnte damit bei Charlotte einen erstaunlichen Eindruck machen. So schickte er morgens Spargel, um sich gleichzeitig abends zum Essen einzuladen:

„Guten Morgen mit Spargels. Wie ists Ihnen gestern gegangen. Mir hat Philipp noch einen *Eyerkuchen* gebacken und drauf hab ich mit in blauen Mantel gehüllt auf die Altan, an den Boden in ein trocken Winckelgen gelegt und im Bliz Donner und Regen herrlich geschlummert, dass mir sogar mein Bett nachher fatal war.

Wenn Stein noch zu Haus ist sagen Sie ihm ich möchte gern das neue Pferdgen stallmeisterlich ausreiten er möchte es doch satteln lassen und mir's schicken und wenns ihm nicht zuwider wäre mich abholen. Zu Tisch komme ich wohl liebstes." (3. Mai 1777)

Die Liebe zu Charlotte und zum *Spargel* ging bei Goethe sogar so weit, daß er, sofern er nicht in Weimar weilte, Spargel sogar auswärts versuchte aufzutreiben, um diesen Charlotte zu schicken. „Heut reiten wir gegen Gotha zu und essen in Dietendorf. Christoph soll sehen ob er Spargel auftreiben kan und sie Ihnen schicken." (3. Mai 1780)

Wenn schon Goethe nicht selbst kommen konnte, so sollte wenigstens der Spargel als seine Liebesnachricht für nachhaltige Wirkung sorgen. „Laden Sie jemand guts drauf ein und dencken mein." (3. Mai 1780)

Dabei sind Goethes Selbsteinladungen natürlich trotz des Spargels nicht unmoralisch aufzufassen. So schreibt Goethe Charlotte etwa am 10. Mai 1780: „Hier *Spargel* liebst Frau. Ein Wort wies Ihnen geht und ob Sie mich nach Tische wollen."

Nichts erschien in dieser verliebten Zeit für Goethe schlimmer, als seinen Spargel allein essen zu müssen.

„Sehr ungern verzehr ich meinen Teil Spargel alleine, das kommt aber daher wenn man sich ganze Tage nicht sieht." (13. Mai 1780)

Neben dem Spargel, der in der Beziehung zwischen Goethe und Charlotte von Stein eine entscheidende Rolle spielte, waren auch die Erdbeeren wichtige Liebesgaben und unverzichtbarer Bestandteil gemeinsamen Speisens.

„Um halb 5 wacht ich auf und wartete auf ihren Boten aber er kam nicht, und ich schlief wieder lang. Erdbeeren schick ich Ihnen aus meinem Garten und Blumen. Wir essen in Belvedere. Adieu liebste." (2. Juli 1778)

Am 1. Juni 1781 schrieb Goethe: „Die Erdbeeren sind in meinem Garten schneller als die Rosen. Hier meine beste schick ich die ersten. Ich glaube nicht daß Conseil seyn wird, die Entfernung des Hofes macht die Nachrichten langsamer. Ich wünsche diesen Mittag bey dir zu essen."

Dabei zeigte sich, daß Goethe nicht knausrig war, sondern alle Erdbeeren, die er hatte, Charlotte zukommen ließ: „Hier Erdbeeren soviel dieser Morgen gibt und einige Rosen (...) Lebewohl und lieb mich! Möchtest Du heute meine Rosen besuchen?" (15. Juni 1781)

Das Spektrum der kulinarischen Liebesgaben, die Goethe an Charlotte schickte, scheint fast endlos zu sein und umfaßt alle Menübereiche.

Ob Pastete und Austern als Vorspeise, Bouillon als Suppe, Braten, Sauerbraten, Schweinskopf als Fleischgerichte, *Hase*, Rehbraten, Rehrücken, Feldhuhn oder Schnepfe als Wildgerichte, Ente als Geflügel, Artischocken, Radieschen, *Pilze* aus dem Thüringer Wald, *Rosenkohl* und *Kastanien*, die Reihe der Gerichte erscheint fast unerschöpflich.

Besonders wichtig war Obst, nicht nur aus Goethes Garten wie Pfirsiche, Äpfel und Birnen. Auch eher exotische Früchte wie Melonen und Orangen gehörten zu Goethes Liebesgaben. Auch Süßigkeiten, Nachspeisen, *Eierkuchen* und Gebäck wurden zu Charlotte gebracht. Hierzu zählte Biskuit- und Feiertagskuchen, Reiskuchen, einfaches Zuckerwerk, aber auch Frankfurter Marzipan.

Bei den Getränken ist besonders der Punsch hervorzuheben, den es nicht nur am Weimarer Hof oft gab, sondern der mit zu Goethes Lieblingsgetränken zählte.

Aus Goethes Briefen spricht eine tiefe Zuneigung Charlotte gegenüber, die einen Höhepunkt in dem folgenden Brief findet:

„Meine Seele ist fest an die Deine angewachsen, ich mag keine Worte machen, Du weißt, daß ich von Dir unzertrennlich bin und daß weder Hohes noch Tiefes mich zu scheiden vermag. Ich wollte, daß es irgendein Gelübde oder Sakrament gäbe, daß mich Dir auch sichtlich und gesetzlich zu eigen machte, wie wert sollte es mir sein. Und mein Noviziat war doch lang genug, um sich zu bedenken. Adieu. Ich kann nicht mehr ‚Sie' schreiben, wie ich eine ganze Zeit nicht ‚Du' sagen konnte."

So schrieb Goethe etwa bei einer Abwesenheit an Charlotte von Stein:

„Sie fehlen mir an allen Ecken und Enden und wenn Sie nicht bald wiederkommen, mach ich dumme Streiche. Gestern auf dem Vogelschießen zu Adolde hab ich mich in die Christel von Artern verliebt ppp." (16. Juli 1776)

Rücken und Keule vom Wildhasen mit Dörrpflaumen, Maronen und Rosenkohl

$1/2$ Wildhasenrücken, ausgelöst
1 Wildhasenkeule, ausgelöst
und in Stücke zerlegt
Salz, Pfeffer, Öl, Butter
4 Dörrpflaumen, entkernt und in Zuckerwasser
eingelegt
6 Maronen, gekocht und mit etwas Wildsauce glasiert
Rosenkohlblätter, gekocht und in Butter geschwenkt

Für die Sauce
Hasen-Karkassen und -schultern, kleingehackt
Öl zum Anbraten
20 g Butter
70 g Schalotten
100 g weiße Zwiebeln
170 g Karotten
140 g Staudensellerie
1 Knoblauchzehe
1 Eßlöffel Tomatenmark
50 g Cognac
75 g Portwein, 250 g Rotwein
2 l Kalbsfond
10 Wacholderbeeren
7 schwarze Pfefferkörner
1 Lorbeerblatt
1 Thymianzweig
2 Eßlöffel Preiselbeeren
6 Dörrpflaumen
1 kleine Kartoffel, roh gerieben
Meersalz
50 g gebräunte Butter

Für den Scheiterhaufen
1/4 l Milch, 1/4 l Sahne
2 Nelken
1 Messerspitze Vanillemark
5 Korianderkörner
Muskat
3 Eier
4 Scheiben Brioche oder Zwieback
Butter
Semmelbrösel
4 Maronen, gekocht und fein gehackt
4 Teelöffel eingemachte Preiselbeeren

*

Den ausgelösten Hasenrücken und die zerlegten Keulenstücke mit Salz und Pfeffer würzen und in heißem Öl von allen Seiten kurz anbraten. Auf ein Blech mit Gitter legen und in den 180 Grad heißen Ofen schieben. Den Rücken etwa zehn, die Keulenstücke gute 15 Minuten rosa braten, herausnehmen und zwei bis drei Minuten ruhen lassen. Vor dem Anrichten in Butter sautieren, mit Salz und Pfeffer nachwürzen.

*

Für die Sauce die Knochen und Schultern in Öl ringsum anbraten, einen ausreichend großen Topf nehmen, damit die Teile nicht übereinanderliegen. Wenn alles gut angeröstet ist, auf ein Sieb schütten und das Bratfett abtropfen lassen. Butter im Topf schmelzen, die Gemüse, den Knoblauch und die abgetropften Knochen hineingeben und alles gut rösten. Das Tomatenmark unterrühren und kurz mitrösten. Mit dem Cognac und je einem Drittel Port- und Rotwein ablöschen. Die Flüssigkeit fast vollständig einkochen, mit dem zweiten Drittel Port- und Rotwein ablöschen und wieder einkochen. Die restlichen Weine angießen, noch einmal einkochen und mit dem Kalbsfond auffüllen. Die Gewürze, die Preiselbeeren, die Dörrpflaumen und die geriebene Kartoffel - sie gibt der Sauce eine schöne Bindung - zufügen. Mit Meersalz würzen und eineinhalb bis zwei Stunden bei kleiner Hitze köcheln lassen, während der

Kochzeit mehrmals abschäumen und öfter den Geschmack probieren. Durch ein feines Sieb passieren, noch ein paar Minuten köcheln, abschmecken und zum Schluß die braune Butter einrühren.

*

Für den „Scheiterhaufen" die Milch und die Sahne mit Nelken, Vanille, Koriander und Muskat aufkochen, etwas abkühlen lassen und mit den Eiern aufmixen. Für ein paar Stunden - besser über Nacht - stehenlassen.

*

Die Brioche-Scheiben mit einer Souffleform oder Mokkatasse ausstechen (Durchmesser: fünf Zentimeter) und in Butter von beiden Seiten goldgelb anbraten. Passende Formen buttern, mit Semmelbröseln ausstreuen und schichtweise mit Brioche, Preiselbeeren und Maronen füllen, mit Brioche abdecken, auf den oberen Scheiben ein paar Preiselbeeren und Maronenstückchen verteilen.

*

Die Eiermilch („Royal") passieren und etwa 30 Gramm in jede Form gießen, so daß die Füllung gut bedeckt ist. In eine fingerbreit mit Wasser gefüllte Pfanne stellen und etwa 25 Minuten bei 220 Grad Unter- und 200 Grad Oberhitze im stets geschlossenen Ofen backen. Einige Minuten ruhen lassen und mit einem kleinen Messer vom Rand lösen.

*

Den Hasenrücken aufschneiden, die Scheiben und die Keulenstücke auf heißen Tellern mit den erwärmten Pflaumen, den Maronen sowie den Rosenkohlblättern anrichten. Den Scheiterhaufen dazugeben und alles mit der Sauce um- bzw. übergießen.

Calvados-Pfannkuchen mit Zimtsabayon

50 g Sahne
10 ml Mehl
25 g Akazienhonig
3 Eigelb 60 g
5 ml Rum, 40 Vol. %
20 ml Zimtsirup
Mark von 1 Vanilleschote

Für den Pfannkuchen
95 g Butter
180 ml Milch
4 Eigelb
80 g Zucker
150 g Mehl
4 Äpfel
50 ml Calvados
4 Tropfen Zitronensaft
30 g Puderzucker
4 Eiweiß
20 g Butterschmalz
80 g Butter

*

Für das Sabayon alle Zutaten - bis auf das Vanillemark - in eine Schüssel geben und auf dem Wasserbad bis 72°C aufschlagen. Unbedingt darauf achten, daß es nicht zu heiß wird, sonst bindet das Eigelb zu schnell und das Sabayon erhält nicht genügend Volumen.

*

Das Vanillemark zum fertigen Sabayon geben. Danach sofort auf Eiswasser kalt schlagen.

*

Die Butter in einer kleinen Kasserolle bei mittlerer Hitze so lange kochen, bis sie hellbraun wird und einen leichten Nußgeschmack bekommt. Dann durch einfaches Sieb oder einen Kaffeefilter gießen. So erhält man 40 g Nußbutter.

*

Milch, Eigelb, Vanillezucker, das gesiebte Mehl und die Nußbutter in einer Schüssel mit dem Handmixer kräftig durcharbeiten, bis ein homogener Teig entstanden ist. Den Teig 1 Stunde stehen lassen.

*

In der Zwischenzeit die Äpfel schälen, Kerngehäuse ausstechen und die Äpfel in dünne Scheiben schneiden. Mit 10 ml Calvados, Zitronensaft und Puderzucker marinieren. Backofen auf 200°C vorheizen.

*

Eiweiß mit der Prise Salz und 10 g Zucker zu einem cremigen, festen Schnee aufschlagen. Davon ein Drittel abnehmen und unter den Teig ziehen. Dann das restliche Eiweiß vorsichtig unterheben.

*

Butterschmalz in einer Portionspfanne erhitzen. Nacheinander zwei Pfannkuchen backen. Dafür jeweils 10 g frische Butter am Rand zugeben und unter den Teig laufen lassen. Die Pfanne jeweils kurz in den heißen Ofen schieben.

*

Die Pfannkuchen erneut umdrehen und weitere 5 g Zucker und 5 g Butter sowie jeweils 10 ml Calvados zugeben.

*

Den Pfannkuchen flambieren.

Geldbeutel mit Pilzen

2 Bögen Reispapier
200 g Pilze
(je nach Saison: Steinpilze, Shiitake-Pilze, Maronen, Pfifferlinge etc.)
1 Schalotte, 15 g Butter
1 Eßlöffel Grünkernmehl
2 Eßlöffel Crème fraîche
Salz, Cayennepfeffer, Zitronensaft
1 Eßlöffel Radieschensprossen
1 Eßlöffel geschnittene Blattpetersilie
ganze Schnittlauchstiele
Fritierfett
Feldsalat, Shiitake-Pilze
kandierter Meerrettich

*

Das Reispapier in einem feuchten Tuch anfeuchten. Die Pilze putzen und kleinwürfelig schneiden. Die Schalotte schälen, fein hacken und in Butter anschwitzen. Die Pilze daraufgeben und farblos dünsten. Mit 1 Eßlöffel Grünkernmehl anstäuben und mit 2 Eßlöffel Crème fraîche aufkochen. Mit Salz, Cayennepfeffer und Zitronensaft würzen, abschmecken, Radieschensprossen und Blattpetersilie unterrühren und auskühlen lassen.

*

Das Reispapier entsprechend groß und rund ausstechen, mit einem Teelöffel etwas Pilzmasse daraufgeben. Das Reispapier zu einem Säckchen zusammendrehen und mit blanchierten Schnittlauchstielen zubinden.

*

Die Pilzsäckchen in heißem Fett goldgelb fritieren. Mit etwas Feldsalat und gebratenen Shiitake-Pilzen anrichten, mit kandiertem Meerrettich garnieren.

Vegetarisches Spargelgericht

300 g kleine Champignons, 500 g grüner Spargel
$^1/_2$ l Gemüsebrühe, $^1/_2$ l Estragonessig
1 Bd. Basilikum, 1 Bd. Estragon
Salz, Saft von $^1/_4$ Zitrone
$^1/_2$ Teelöffel Zucker, 1 Scheibe Weißbrot

Für die Kapernsauce
1 Schalotte, 200 g Creme double
100 g Sahne, 3 Teelöffel Estragonessig,
3 Teelöffel Himbeeressig, 1 Teelöffel Senf
Salz, frisch gemahlener weißer Pfeffer
1 Teelöffel reduzierter trockener Weißwein
1 Teelöffel Zitronensaft, 2 Tomaten, 1 Avocado
$^1/_2$ Zitrone zum Einreiben, 50 g Kapern

*

Für die Kapernsauce die Schalotten würfeln, mit Creme double, Sahne, beide Essigsorten, Senf, Salz, Pfeffer, reduzierten Weißwein und Zitronensaft im Mixer gründlich mixen, in eine Schlasschüssel füllen.

*

Tomaten schälen, entkernen und in kleine Würfel schneiden. Die Avocado halbieren, schälen, mit Zitrone abreiben und würfeln. Die Kapern ebenfalls kleinschneiden.
Die Tomatenwürfel, Avocadostücke und Kapern unter die Sauce rühren. Abschmecken und evtl. mit etwas Zitronensaft nachwürzen.

*

Die marinierten Champignons aus dem Sud nehmen und abtropfen lassen. Die Spargelstücke und die Champignons auf Teller anrichten. Die Kapernsauce darübergeben und mit ganzen Kapern garnieren.

"... einige Haare vom Haupte des Seelenfreundes, die für mich das sein werden, was meine Strumpfbänder Dir sind."

Im Herbst des Jahres 1779 unternahm Goethe zusammen mit dem Herzog Carl August eine Reise in die Schweiz. Diese war bereits Goethes zweite Schweizreise, die 4 Monate dauerte. In Lausanne stiegen sie im „Goldenen Löwen" ab. Am Abend der Ankunft gab es die erste Begegnung mit Maria Antonia von Branconi.

„Abends machte Goethe der Frau v. Branconi seine Aufwartung; er war an sie oder ihren Hausgenossen Mattei oder an Beide durch Lavater empfohlen. Vor vier Jahren, damals als Goethe aus der Schweiz zurückkehrte, hatte ihm Zimmermann in Straßburg den Schattenriß der Branconi gezeigt (zugleich mit demjenigen der weimarischen Baronin v. Stein) und von seiner Bekanntschaft mit ihr erzählt. Zimmermann sprach immer in Superlativen; allemal, wenn er Hundert sagen wollte, kam Tausend heraus. ‚Das größte Wunder von Schönheit, das in der Natur existiert' nannte er diese Dame und ebenso rühmte er ihre feinsten Manieren, ihre edelste Sittsamkeit, ihren aufgeklärtesten Verstand." (W. Bode, Goethes Leben 1776-1780, S. 20)

Die Begeisterung von Zimmermann für die Frau von Branconi sprang wie ein Funke nach der ersten Begegnung auch auf Goethe über.

„Nicht minder wurde des Dichters Auge und Herz durch die dort verweilende Marquise Branconi, eine Venetianerin, die Geliebte des Herzogs Karl Wilhelm Ferdinand von Braunschweig, gefesselt, die auch an ihm sichtliches Wohlgefallen fand. Das Urteil Zimmermanns, ‚daß sie das größte Wunder von Schönheit sei, das in der Natur existiert', wird durch Goethes Worte bestätigt: ‚sie kommt mir so schön und angenehm vor, daß ich mich etliche Male in ihrer Gegenwart stille fragte, ob's auch wahr sein möchte, daß sie so schön sei. Einen Geist, ein Leben, einen

Offenmuth, daß man eben nicht weiß, woran man ist!'" (J. W. Schaefer, Goethe's Leben, 1. Band, S. 331)

Maria Antonia von Branconi, drei Jahre älter als Goethe, war die Tochter einer Italienerin und eines deutschen Offiziers und verbrachte ihre Kindheit in Neapel. Bereits mit zwölf Jahren wurde sie verheiratet, mit zwanzig war sie bereits Witwe und Mutter von zwei Kindern.

„Der Erbprinz Karl Wilhelm Ferdinand von Braunschweig, der in Italien reiste, bewog sie, seine Geliebte zu werden. Sie hatte bald einen Sohn von ihm, den der Kaiser auf Bitten seines Erzeugers zum Grafen Forstenburg erhob. Auch in der Zeit, wo sie, nun nach Deutschland versetzt, die Nebenfrau dieses Prinzen war, erfreute sie sich eines sehr guten Rufes, denn an die Mätressenwirtschaft der Fürsten war man gewöhnt, und die Braunschweiger konnten Gott danken, daß solch' eine edle, bescheidene, zurückgezogen lebende Frau, die keinem Menschen Übles zufügte, den Posten innehatte. Im Sommer 1777, als sie zehn Jahre beim Herzoge gewesen war, erlebte sie das Schwere, daß Dieser sein Herz von ihr wandte, weil ihn eine neue Schönheit stärker reizte; er erkaltete gegen sie und ihren Sohn völlig, wie er denn überhaupt ein kalter Verstandsmensch war. Die Branconi hatte von ihm ein Gut zwischen Halberstadt und Blankenburg erhalten; aber die Südländerin fühlte sich dort im nördlichen Deutschland nicht mehr zu Hause, und leider hatte sie auch nirgends sonst eine Heimat. In den Grenzgebieten zwischen Frankreich, Deutschland und Italien war sie noch am ehesten unter Ihresgleichen. (...)

Auf ihren Wanderungen kam die Branconi im Mai 1779 nach Zürich, um Lavater predigen zu hören und sich mit diesem Manne das Herz reich zu sprechen: vielleicht könnte er ihr ein Licht in ihres Lebens Finsternis stellen. Es entstand sogleich die innigste Seelenfreundschaft zwischen den Beiden. ‚Ein herrlich Geschöpf an Leib und Seele!' rief nun auch der fromme Prediger aus. Der Dritte im neuen Bunde war Mattei; er wurde nicht satt, seine Herrin gegen Lavater zu rühmen. Man hatte diesem auch abfällige Reden über die Branconi zugetragen, denn welchen Engel lassen die Menschen unbeschmutzt? Und eine abgedankte Mätresse zu höhnen, ist so leicht!

Seit fünf Monaten lebte diese wunderbare Frau nun in Lausanne, und Goethe ging heute zu ihr als Freund ihres Freundes

Lavater." Auch er war entzückt: (W. Bode, Goethes Leben 1776-1780, S. 306, 307)

Am Folgetag, dem 23. Oktober 1779, unternahmen Goethe und der Herzog in Gesellschaft u. a. mit der Frau von Branconi einen Ausflug in die nähere Umgebung. Als sie nach Lausanne zurückgekehrt waren, ließ Goethe der Frau von Branconi eine Nachricht zukommen, in der er ihr mitteilte, daß er sie gerne besuchen möchte.

„Er hatte eigentlich noch andere Besuche hier abstatten wollen, aber wer kann solchem Winke widerstehen? So ging er hin und blieb auch zum *Abendessen.* Was ward da nicht alles geredet! Goethe sprach von der jetzigen Reise und rühmte von allem Gesehenen den Staubbach fast am meisten. Dann erzählte er von sich selber, zum Beispiel, daß er das große Glück habe, gut zu schlafen und im Schlafe jederzeit völlig auszuruhen. Auf den Kaffee schalt er hier ganz wie bei der Frau v. Stein. Was den Verkehr mit Menschen angeht, so bekannte er sein Unvermögen, gegen jedermann gesellig und höflich zu sein: ihm wolle bei gewissen Menschen die Sprache nicht fort, und er wisse nirgends anzuhaken. Mit anderen wieder könne man hübsch in gleicher Linie fortgehen, aber es bleibe doch stets ein Graben, über den man nicht hinweg könne. Bei diesem Bilde mußten Beide an die Verhältnisse mit Fürsten denken. Die Branconi wunderte sich über Goethes und Karl Augusts herzliche Freundschaft, nämlich darüber, daß ein Fürst zu solcher Vertraulichkeit und Munterkeit fähig und bereit sei. Ihr gewesener Liebhaber war es freilich nicht gewesen. Aber Beide kannten auch den edlen Franz von Dessau und lobten ihn.

Herder und Lavater wurden gerühmt; mit Zimmermann aber, bekannte Goethe, hätte er die begonnene Freundschaft nicht aufrecht erhalten können. Er liebe nicht ein solches Gemisch von Stärke und Schwäche und könne in nichts den poltron ausstehen. Dabei kam er auch auf die unglückliche Gewohnheit mancher Leute, Wohltaten ausüben zu wollen, indem man Andere in Bewegung setzt, Andere arbeiten oder zahlen läßt. ‚Wenn ich nicht selbst die Wohltaten ausführen kann,' sagte er, ‚so bin ich nicht bestimmt, Wohltaten zu erweisen.'

Mattei geleitete den Gast, als er sich von der Dame verabschiedet hatte. ‚Ich danke Ihnen' sagte Goethe, ‚und sagen Sie ihr: ich danke ihr für das Gute, daß ich bei ihr genossen habe. Es ist eine treffliche Frau, von Geist und Verstand. Nun sehe ich ein, warum Sie, Mattei, Niemand in Lausanne kennen wollen. Jesus! Was könnte diese Frau aus einem machen!'

Im Gasthause, in seinem Zimmer, mußte er, als das Bild der Schönen noch vor ihm schwebte, an die Sirenen denken." (W. Bode, Goethes Leben 1776-1780, S. 308, 309)

Maria Antonia von Branconi hat jedenfalls Goethe mächtig beeindruckt, ob es am Abendessen lag, an ihrer Schönheit und Ausstrahlung, wahrscheinlich hat beides dazu beigetragen, daß diese Begegnung lange nachwirkte. Das gilt im übrigen auch für Frau von Branconi, die von Goethe sehr angetan war. Briefe gingen von Lausanne nach Weimar und zurück, möglicherweise auch mit Liebesgaben.

„Die schöne Fürstenmätresse Branconi, von allen Seiten umworben, hat den Meister brieflich um ein leibliches Zeichen seiner Gunst gebeten: ein Taschentuch, einige Haare vom Haupte des Seelenfreundes, ‚die für mich das sein werden, was meine Strumpfbänder Dir sind', sie hatte ihm offenbar diese zugeschickt. Ein heimliches erotisches Element spielte mit bei den Verzückungen." (R. Friedenthal, Goethe, S. 190)

Im August des Jahres 1780 gab es einen Gegenbesuch in Weimar. Am 26. August kam Frau von Branconi in Weimar an.

Den Nachmittag verbrachten sie und Goethe allein in seinem Gartenhaus, es schloß sich ein gemeinsamer Spaziergang an. Den Abend wollten sie gemeinsam zu zweit in Goethes Garten verbringen. Doch die traute Idylle wurde wieder einmal dadurch gestört, daß der Herzog auftauchte und der Abend dann zu dritt verbracht wurde.

„Am andern Vormittag ging's nach Tiefurt; mittags aßen die Beiden im ‚Kloster', d. h. in dem neuen Holzhäuschen oberhalb der Ilm, gegenüber von Goethes Gartenhause, aus dem die Speisen herübergebracht wurden. Gegen Abend fuhr man nach Belvedere. Am nächsten Tage, Goethes Geburtstage, reiste sie weiter; (...)

Er vollendete damals sein einunddreißigstes Jahr; Antonia v. Branconi zählte vierunddreißig; Beide waren ledig. Hätte er nicht zugreifen sollen, wo ihm das oft ersehnte Italien in einer so schönen Abgesandtin vor die Augen trat?" (W. Bode, Goethes Liebesleben, S. 183)

„Ein außergewöhnlicher und starker Angriff auf das Herz des

jungen und oft so einsamen Mannes war der Besuch, den ihm im Sommer die schöne Frau v. Branconi machte. Sie war auf ihrem Gute am Harze gewesen und nahm den Rückweg über Weimar, um ihren neuen Freund wieder zu sehen. Am 26sten August kam sie an; er führte sie Spazieren und saß mit ihr abends in seinem Garten - diesmal paßte ihm des Herzogs Dazukommen gar wenig. Am andern Tage fuhr er mit ihr nach Tiefurt, aß mittags mit ihr im „Kloster" des Herzogs und begleitete sie abends nach Belvedere hinauf. Am besten gefiel es ihr in Goethes Tale; er mußte ihr ein Bild davon versprechen. Frau v. Stein, die in der Stadt war, wußte ihren Verehrer also in dieser Gesellschaft; er vergaß nicht, ihr ein beruhigendes Zettelchen zu schicken: „Sie ist schön, sehr schön; aber es ist, als wenn Sie, mein Liebstes, entfernt sein müßten, wenn mich ein anderes Wesen rühren soll." In sein Tagebuch aber bemerkt er: „Nachklang der schönen Gegenwart," als die Branconi Abschied genommen. Und sofort schrieb er ihr einen Brief, der ihr in seinem väterlichen Hause überreicht werden sollte, denn über Frankfurt reiste sie jetzt nach Lausanne zurück." (W. Bode, Goethes Leben 1776-1780, S. 449,450)

In diesem Brief, der Frau von Branconi in Frankfurt bei Goethes Mutter erreichte, schrieb Goethe:

„In meiner Eltern Haus komme ich Ihnen mit einem Gruß entgegen: auf denen Schwellen, wo ich in meinem Leben mit so tausendfach veränderten Empfindungen hin und wieder gegangen bin. Seien Sie recht willkommen und nehmen Sie den schönsten Dank für die paar Tage, die Sie uns gegönnt haben!

Erst jetzt spür' ich, daß Sie da waren, wie man erst den Wein spürt, wenn er eine Weile hinunter ist. In Ihrer Gegenwart wünscht man sich reicher an Augen, Ohren und Geist, um nur zu sehen und glaubwürdig und begreiflich finden zu können, daß es dem Himmel nach so viel verunglückten Versuchen auch einmal gefallen und geglückt hat, etwas Ihresgleichen zu machen. Ich müßte in diesen anscheinenden Hyperbeln, die doch nur purplatte Prosa sind, fort und fort-fahren, um Ihnen zu sagen, was Sie zurückgelassen haben. Und weil sich doch auch Das, wie man zu sagen pflegt, nicht schickt, so muß ich darüber abbrechen und das Beste für mich behalten. (...) Meine Mutter schreibt mir gewiß gleich: sagen Sie ihr etwas für mich! Sie wissen ja so Schönes, und das Schöne so schön zu sagen, daß es einem immer wie in der Sonne wohl wird, wenn man sich's gleich nicht träumen läßt, daß sie um unsertwillen scheint."

R. Friedenthal schreibt über Frau von Branconi und ihren Besuch in Weimar: Goethe „ist noch einmal einer solchen Überschönen begegnet, der Frau von Branconi, die als ehemalige Mätresse des Erbprinzen von Braunschweig ein einsames und trauriges Leben führte, berühmt weithin als eine der Schönheiten der Zeit. Sie hat Goethe in Weimar besucht; sie sind zusammen spazieren gegangen, und das immer kuppelnde Weimar hat sogleich eine ‚Liebe' gewittert. Goethe schreibt Lavater darüber, und es fällt das höchst bezeichnende Wort, daß eine solche Frau ihm wohl ‚die Seele aus dem Leib winden würde...' Er flüchtet sofort, in die Einsamkeit, den Wald bei Ilmenau, hinauf auf den Gickelhahn, die Waldhütte und schreibt dort bald darauf an die Wand sein Gedicht: ‚Über allen Gipfeln ist Ruh'..." (R. Friedenthal, Goethe, S. 279)

Praline vom Hummer mit Steinbutt in SafransaucE

Für 2 Personen
Für den Fisch, die Fischfarce und die Sauce
1 Steinbutt à 500 g
1 Hummer à 400 g
0,2 l Crème double
0,2 l Schlagsahne
0,4 kg Steckrüben
0,2 kg grünen Reis
100 g Butter
0,1 l geschlagene Sahne
Salz, Pfeffer aus der Mühle
Muskat
Safranfäden
Zitrone

*

Den Kabeljau küchenfertig herrichten, so daß er keine Gräten und keine Haut mehr hat.

*

Den Hummer in siedendem Wasser töten und die Hummerscheren ca. 1 Minute kochen lassen, abschrecken, anschließend den Hummer ruhen lassen. Den Hummer dann nochmals 2 $^{1}/_{2}$ Minuten im heißen Fond ziehen lassen, ihn ausbrechen und die Schalen beiseite stellen.

*

Farce wie folgt herstellen:
Das gut gekühlte Kabeljaufleisch in Stücke schneiden, salzen und im Cutter zerkleinern. Die Eiweiße hinzugeben und nach und nach die Creme double einarbeiten. Mit Pfeffer und Muskat abschmecken.

*

Nachdem alles durch ein Sieb gestrichen wurde, wird zum Schluß noch die Sahne untergehoben.

*

Aus der Farce je Portion 80 Gramm ausstechen und rund formen. In jedes Farcebällchen ein Stück Kabeljau und ein Stück Hummer mittig eindrücken und nochmals rund formen. Nun das Bällchen in dem grünen Reis wälzen und im heißen Fettbad ausbacken.

*

Als Beilagen empfehlen sich Schwarzwurzeln, ein Tomatenragôut sowie Juilienne von Steckrüben.

Täubchenröllchen, in Sesam gebraten, auf gebratenem Salat mit Vinaigrette

1 ganze Täubchenbrust
Honig
schwarzer Pfeffer aus der Mühle
20 g Gänsestopfleber
Zahnstocher
1 Ei
20 g Sesam
und geriebenes Weißbrot
etwas Mehl
30 g Chinanudeln (Glasnudeln)
Salz

Vinaigrette
Haselnußöl
Balsamico-Essig
Salz
Pfeffer aus der Mühle
Schnittlauchröllchen
feingehackte Schalotten
etwas Soja-Würzsauce
20 g getrocknete Morcheln
schwarzer Sesam

Salat
1 Chicorée
1 Radicchio

*

Die Täubchenbrust auslösen, der Länge nach aufschneiden und flach drücken. Mit Honig bestreichen und mit schwarzem Pfeffer würzen. Gänsetopfleberscheiben einlegen, einrollen und mit einem Zahnstocher befestigen. Mit verquirltem Ei, Sesam und geriebenem Weißbrot und etwas Mehl panieren und in der Bratpfanne braten.

*

Die Chinanudeln in leicht gesalzenem Wasser kochen. Auf ein Sieb schütten, abtropfen lassen.

*

Aus Haselnußöl, Balsamico-Essig, Salz, Pfeffer, Schnittlauch, Schalotten, etwas Soja-Würzsauce, getrockneten Morcheln und schwarzem Sesam eine Vinaigrette herstellen.

*

Den Salat kalt abspülen, putzen und mit den Chinanudeln in einer Bratpfanne ausschwitzen (Feuchtigkeit verdampfen lassen). Auf die Teller geben und mit etwas Vinaigrette übergießen.

*

Die Taubenbruströllchen mit dem Elektromesser in Scheiben schneiden, zu dem Salat anrichten und den Bratensaft darübergießen.

Die Artischocke, Faustina, Charlotte von Stein und ein Anleitungsgedicht zum Verzehr

Die Artischocke gilt als klassisches Aphrodisiakum. Sie ist eine veredelte Form der Distel und gelangte bereits im 15. Jahrhundert nach Europa. Farblich variiert die Artischocke von Grün über Blau bis Violett. Als besonders erregend gelten die in der Artischocke vorkommenden Bitterstoffe. Da die meisten nicht wissen, wie man und was man von der Artischocke ißt, umgibt sie eine gewisse, geheimnisvolle Aura, die erst beim vorsichtigen Entblättern des Gemüses ihren Reiz preisgibt. Die Artischocke eignet sich besonders als Vorspeise etwa für ein Liebesmenü zu zweit. Dieses schien auch Goethe zu wissen.

Goethe hatte, wenn man so will, ein Faible für *Artischocken.* Dieses Gemüse hatte er möglicherweise auf seiner italienischen Reise kennen- und liebengelernt. Zwar ist nicht überliefert, ob Goethe bei seinen geheimnisumwobenen Begegnungen mit Faustina in der „Osteria alla Campana" in Rom neben seiner heftigen Liebe zu dieser Römerin auch seine Liebe für die Artischocke entdeckte, aber es erscheint durchaus möglich.

Später gehörte in Weimar an Goethes Tisch die Artischocke zu den unverzichtbaren Bestandteilen der Essensfolge. So schrieb Bertha Weber (1806-1897) in ihren Erinnerungen für ihre Tochter: „Eine Einladung zum Mittagessen erhielt Dein Vater, und war gern bereit dazu. Goethe war ein liebenswürdiger Wirt. Es kamen Artischocken als Zwischengericht, wobei Dein Vater etwas zögernd und nach zweimaliger Aufforderung: ‚Essen Sie doch' lächelnd gesteht: ‚Ich habe noch nie eine Artischocke gegessen.' ‚Da wollen wir gleich abhelfen.' Goethe arrangierte mit viel Geschick diese Frucht."

Goethe konnte in seinem Haus am Frauenplan in Weimar, wenn Gäste zum Essen geladen waren, mit seinen Kenntnissen über die Artischocke brillieren.

So schrieb Joh. Christian Schuchardt über seine Beobachtungen an Goethes Tisch: „Als Artischocken aufgetragen wurden, mochte er wohl merken, daß ich über die Behandlungsweise derselben verlegen war, und belehrte mich, wie sie zu essen seien." (5. September 1828)

Hierzu hatte Goethe sogar ein kleines Gedicht spontan entwickelt, das verdeutlicht, die Scheu der Artischocke gegenüber zu überwinden.

Karl Friedrich Philipp von Martius (1794-1868), Professor der Botanik in München, der im Jahr 1824 bei Goethe zum Essen eingeladen war, schrieb darüber:

„Als ich mit meiner Frau und Tante Amalie von Stengel im September 1824 bei Goethe zu Tische saß und jene mit den Artischocken nicht fertig wurde, improvisierte Goethe:
Mein Kind, Sie wissen's nicht zu machen,
Doch Artischocken sind von allen Sachen
Die schlimmsten nicht, die unter zarten Fingern
Ihr widerspenstig Naturell verringern. -
Nimm nur den Stachel mit geschickter Kraft,
Das ist der Sinn von aller Wissenschaft." (13. September 1824)

Die Artischocke spielte auch in Goethes Beziehung zu Charlotte von Stein in seiner Weimarer Zeit eine Rolle.

Zwar war sie nicht ganz so wichtig wie etwa der Spargel und die Erdbeeren, die gleichsam zum Symbol ihrer Liebe und Sehnsucht wurden, dennoch gibt es mindestens einen schriftlichen Beleg, der sich auf die Artischocke bezieht.

Am 9. August 1781 wurden als Liebesgabe Charlotte von Stein Artischocken gebracht. „Einen Grus zum Morgen und Artischocken, ich wünsche daß sie wohl schmecken mögen. Zu Mittag will ich nach Tiefurth, und zu Abend meine vielgeliebte wieder sehen."

Artischockenblätter mit Muscheln und Tomaten-Vinaigrette

2 große, ausgereifte Artischocken
1,5 l Wasser
0,1 l Rotweinessig
Salz
500 g Miesmuscheln (Buchot)
5 Eßlöffel Weißwein
1 Schalotte
1 Thymianzweig
6 Eßlöffel Wasser

Vinaigrette
2 Eßlöffel reduzierten Madeira
2 Eßlöffel reduzierten Noilly Prat
4 Eßlöffel Olivenöl
1 Eßlöffel Sherry-Essig
1 Eßlöffel Balsamico-Essig
1 Teelöffel Schnittlauch
3 Eßlöffel feingehackte Petersilie
3 Eßlöffel Tomaten (geschält und fein gewürfelt)
1 Teelöffel feingewürfelte Schalotte
Salz, Pfeffer aus der Mühle

*

In einem hohen Topf alle Zutaten zum Kochen bringen, den Stiel der Artischocken entfernen und die Artischocken 30 bis 40 Minuten garen. Die Muscheln gründlich säubern, waschen und in einem hohen Topf mit allen anderen Zutaten 3 Minuten kräftig kochen lassen. Die Muscheln herausnehmen, die Schalen entfernen. In einer Glasschüssel alle Zutaten gut miteinander verrühren und kräftig abschmecken.

*

Von den Artischocken die Blätter herausziehen und auf Teller verteilen. Von den Artischockenböden das Heu abstechen und die Böden in kleine Würfel schneiden und zur Vinaigrette geben.

*

Die Muscheln auf den Artischockenblättern verteilen und mit der Vinaigrette überziehen.

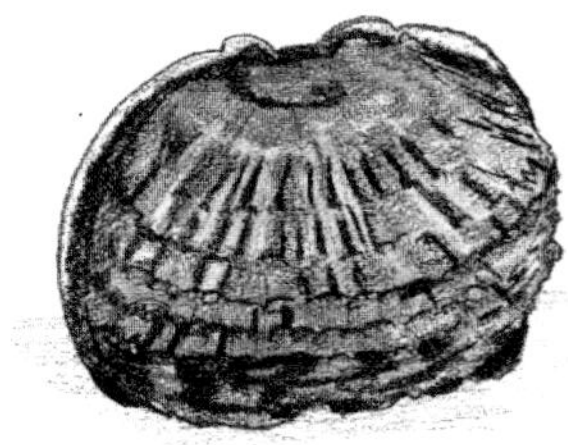

Zwischen ungestümer Erotik und liebevoller Fürsorge - Goethe und Christiane Vulpius

Von 1786-1788 hielt sich Goethe in Italien auf. Als er nach Weimar zurückkehrte, war er ein anderer Mensch geworden. Diese Veränderungen drückten sich in der Aufgabe seiner Verwaltungsfunktionen beim Herzog Carl August aus, aber auch im privaten Bereich wurden diese sichtbar. Dazu gehörte die Loslösung von Charlotte von Stein, die dadurch noch beschleunigt wurde, daß gleichzeitig Christiane Vulpius in sein Leben trat.

„Der übersinnliche sinnliche Freier in ihm verlangte, aus Italien zurückgekehrt, gebieterisch für Körper und Geist endlich das harmonische Gleichgewicht. Nach dem zweijährigen Wirtshaus- und Kneipenleben im Süden ersehnte er begreiflicherweise das Behagen einer Häuslichkeit, für das auch er, der Ehescheue, von jeher wie kaum einer Sinn und Verständnis gehabt hatte. Nach so vielen schmerzlich-süßen Erfahrungen in Liebessachen mochte der nunmehr schon Neununddreißigjährige sich am Ende im stillen sagen wie Friedrich Nietzsche: Das Vernünftigste ,wär vielleicht eine gute wirtschaftliche Gattin für mich, welche ihre Aufgabe darin sähe, mich in dem Zustand zu erhalten, in dem ich meiner überschweren Lebensaufgabe am besten nachkomme. (...) Sie müßte jung sein, sehr heiter, sehr rüstig und wenig oder nicht ,gebildet' und außerdem eine gute Wirtschafterin, aus eigener Neigung.' In der Tat, Christiane vereinigte alle diese Vorzüge in sich: sie war jung (23 Jahre alt), sehr heiter, sehr rüstig und wenig oder gar nicht 'gebildet'; sie war gut und wirtschaftlich, und vor allem: sie sah ihre Lebensaufgabe darin, Goethen das häusliche Behagen zu bereiten, in dem allein er ,seiner überschweren Lebensaufgabe am besten nachkommen' konnte." (H. G. Gräf (Hrsg.), Goethes Ehe in Briefen, S. 17,18)

Die erste Begegnung zwischen Goethe und Christiane Vulpius gab es am 12.Juli 1788 im Park an der Ilm in Weimar. Christiane wollte im Auftrag ihres Bruders Christian einen Bittbrief überbringen, als es zwischen den beiden „zu funken" begann. Was außer der Briefübergabe passierte, beschreibt Wolfgang Vulpius wie folgt: „Wohlgefallen und Begier der Sinne flammten rasch in ihm auf, als er mit der dreiundzwanzigjährigen Christiane plauderte, und ihre Widerstandskraft erlag schnell dem schönen und hochgestellten Manne, dem Zauberer mit seinen Götterblicken."

E. Kleßmann versucht in seiner Christiane-Biographie die Begegnung zu charakterisieren.

„Wenige Wochen, nachdem er Faustina verlassen, begegnete ihm Christiane, deren Typus ihn an die römische Geliebte erinnerte, und was er in Rom kennengelernt und begonnen, setzte er nun in Weimar fort, und er dürfte bei Christiane wohl schwerlich auf Widerstand gestoßen sein. Sie war um ein Jahr jünger als Faustina und wird ihr an Sinnenfreude kaum nachgestanden haben, das bezeugen ihre Briefe. Ob die immerhin schon 23 Jahre alte Christiane - und in diesem Alter galt eine unverheiratet gebliebene Frau keineswegs mehr als jung, sondern eher als ‚alte Jungfer' - noch jungfräulich war oder nicht, muß nicht interessieren. Goethe bemerkte einmal zu einer diesbezüglichen Anspielung, er bezweifle nicht, ‚daß sie auch andern würde gefallen haben'. (E. Kleßmann, Christiane, S. 37)

So heftig die erste Begegnung zwischen Christiane und Goethe emotional verlief, so schnell entwickelte sich auch ein Verhältnis zwischen den beiden.

„Es spricht alles dafür, daß Christiane in der Nacht zum Sonntag, dem 13. Juli, Goethes Geliebte wurde. Der 12. Juli ist zeitlebens von beiden als der Tag ihres Bündnisses gefeiert worden, und wenn Goethe in einem Brief an Schiller auch einmal den 13. Juli nennt, so ist das auch kein Widerspruch. (...) Nein, Liebe auf den ersten Blick war es nicht, es war ein beiderseitiges sinnlich-erotisches Begehren, aber es entwickelte sich daraus eine tiefe Liebe." (E. Kleßmann, Christiane, S. 11, 12)

Die Beziehung zu Christiane Vulpius findet ihren literarischen Ausdruck in den Gedichten, die Goethe unter dem Titel „Römische Elegien" erstellt hat. Zwischen Oktober 1788 und März 1790 entstanden in Weimar die 24 Elegien der „Erotica Romana", die zwar durch Italien und Faustina angeregt wurden, aber ohne Goethes Liebe zu Christiane wohl nicht entstanden wären. Die

Gedichte erschienen 1795 in Schillers Zeitschrift „Die Horen". Während der Herzog von den Gedichten sehr angetan gewesen sein soll, war die Öffentlichkeit entsetzt, allen voran der Weimarer Gymnasialdirektor Karl August Böttiger:

„Alle ehrbaren Frauen sind empört über die bordellmäßige Nacktheit. Herder sagte sehr schön, er habe der Frechheit ein kaiserliches Insigel aufgedrückt. Die ‚Horen' müßten nun mit dem u gedruckt werden. Die meisten Elegien sind bei seiner Rückkunft im ersten Rausche mit der Dame Vulpius geschrieben."

Die Reaktion der Weimarer Gesellschaft auf Christiane war ausgesprochen negativ. Sie wurde schlichtweg angefeindet, ignoriert und herabgewürdigt. Als Beispiel mag ein Brief von Caroline Schlegel angeführt werden, in dem sie an Luise Gotter schrieb:

„Den Mittag drauf waren wir bei Goethe, und Herder auch, wo ich bei ihm und Knebel saß, allein ich hatte den Kopf immer nur nach Einer Seite. Goethe gab ein allerliebstes Diner, sehr nett, ohne Überladung, legte alles selbst vor, und so gewandt, daß er immer dazwischen noch Zeit fand, uns irgend ein schönes Bild mit Worten hinzustellen (er beschrieb zum Beispiel ein Bild von Füßli aus dem Sommernachtstraum, wo die Elfenkönigin Zetteln mit dem Eselskopf liebkoset) oder sonst hübsche Sachen zu sagen. Beim süßen Wein zum Dessert sagte ihm Schlegel grade ein Epigramm vor, das Klopstock kürzlich auf ihn gemacht, weil Goethe die deutsche Sprache verachtet hat, und darauf stießen wir alle an, jedoch nicht Klopstock zum Hohn; im Gegenteil, Goethe sprach so brav, wie sich's geziemt, von ihm. Gern wäre ich noch länger dageblieben, um bei Goethe nicht allein zu hören, sondern auch zu sehen, und daneben freilich auch zu hören, aber das muß auf den Sommer verspart bleiben. Was ich sah, paßte alles zum Besitzer - seine Umgebungen hat er sich mit dem künstlerischen Sinn geordnet, den er in alles bringt, nur nicht in seine dermalige Liebschaft, wenn die Verbindung mit der Vulpius (die ich flüchtig in der Komödie sah) so zu nennen ist. Ich sprach noch heute mit der Schillern davon, warum er sich nur nicht eine schöne Italienerin mitgebracht hat? Jetzt tut es ihm freilich auch wohl nur weh, die Vulpius zu verstoßen, und nicht wohl, sie zu behalten." (25. Dezember 1796)

Goethe wiederum zog aus den gesellschaftlichen Problemen,

die ihm aufgrund seiner Beziehung zu Christiane Vulpius erstanden, die Konsequenz und zog sich allmählich aus dem gesellschaftlichen Leben in Weimar zurück.

Neben den Römischen Elegien gibt es ein weiteres Zeugnis, das die Liebe zwischen Goethe und Christiane verdeutlicht. Die 354 Briefe von Goethe und die 247 von Christiane, die erhalten geblieben sind, sind ein Beleg für ihre tiefe Liebe. Auffällig innerhalb des Briefwechsels ist das Sehnsuchtsmotiv, das sich wie ein roter Faden durch die Briefe zieht. Aber auch kulinarische Aspekte bestimmen den Inhalt der Briefe.

Wenn Goethe in Jena weilte, um zu arbeiten, Christiane in Weimar, so wechselten zahlreiche Briefe hin und her, in denen häufig kulinarische Pakete angekündigt und mitgeschickt wurden.

Unterschiedlichste Aspekte, die mit Essen und Trinken, der Nahrungsmittelbeschaffung und dem Wunsch, der Geliebten und dem Geliebten was Gutes zukommen zu lassen, spiegeln sich in den Briefen wider.

So schrieb Christiane am 12. Januar 1795:

„Mit der Gänseleberpastete habe ich mir alle Mühe gegeben, aber umsonst, es sind keine *Gänselebern* zu kriegen und keine Trüffeln."

Am 11. Februar 1795 wird Goethe zum Blattkohl eingeladen:

„Wenn Du rüberkommst, kann ich Dir von dem Blattkohl vorsetzen."

Ganz besonders, wenn Goethe in Jena weilte, versuchte Christiane, Goethe wenigstens kulinarisch bei Laune zu halten.

Und das war auch notwendig, denn über das Essen in Jena beklagte sich Goethe häufiger.

„Unsere Geschäfte gehen hier sehr gut, nur bringt mich leider das Essen beinahe zur Verzweiflung. Ich übertreibe nicht, wenn ich sage, daß ich vier, fünf Tage bloß von Cervelatwurst, Brot und rotem Wein gelebt. Auch sehe ich unter den hiesigen Umständen gar keine Rettung und wäre, weil es mir zuletzt doch schädlich werden muß, schon wieder hinübergefahren, wenn es unser Geschäft nur einigermaßen zuließe. Ich bitte Dich also aufs allerinständigste, mir mit jedem Boten-Tage etwas Gutes, Gebratenes, einen Schöpsenbraten, einen Kapaun, ja einen Truthahn zu schicken, es mag kosten, was es will, damit wir nur zum Frühstück, zum Abendessen, und wenn es zu Mittag gar zu schlecht ist, irgend etwas haben, was sich nicht vom Schwein herschreibt. Ich mag Dir nicht sagen, wie verdrießlich und ärgerlich ich die Zeit her gewesen bin, wenn ich mit einem übertriebenen und ganz unschicklichen Aufwand entweder hungern oder etwas genießen mußte, was mir offenbar schädlich war." (17. April 1810)

Christiane schrieb an Goethe:

„Es betrübt mich recht, daß mein lieber Schatz so übel mit dem Essen daran ist; das ist immer das Schlimme bei Deinem Aufenthalt in Jena. Ich wollte, ich wäre darüben, ich wollte Dir gerne alles selbst kochen. Wenn wir wieder zusammenkommen, so sollst Du alles auf das Beste haben."

Daher ließ Christiane kaum eine Gelegenheit aus, Goethe mit allerlei Lebensmitteln, Getränken und Leckereien zu versorgen.

„Hier folgen auch vier Paar Bücklinge zu Frühstück mit und Schinken und Bier." (5. März 1796)

Christiane litt sehr unter der häufigen Abwesenheit von Goethe. Dieses wird in einem Brief vom 25. Februar 1797 deutlich.

„Daß Dir es gut gehet, freut mich sehr, ich will recht beten, daß es bald an das Gedicht kommt, daß wir es uns alsdann können recht wohl sein lassen. Wenn Du so weg bist, sehe ich immer, wie schlecht es mir zu Muthe sein wird, wenn Du in Italien sein wirst. Vielleicht kann ich auch das weg beten. Ich denk, es geht mir, seit ich mit dem Schatz bin, alles zum Guten aus, so wird es da auch so gehen. Der Schatz macht mich so oft mit allerlei glücklich, daß ich doch auch einmal zu Deiner Glückseligkeit etwas beitragen muß, und das besteht in Schwarzwurzeln, die hier folgen."

Christiane hatte eine besondere Vorliebe für Schwarzwurzeln. Dieses wird deutlich in einem Brief, der am 15. März 1797 von Weimar nach Jena geschickt wurde. Darin schrieb sie:

„Wenn Du Schwarzwurzeln kriegen kannst, so nimm sie ja."

Die Küche in Jena schien nicht nach Goethes Geschmack gewesen zu sein, denn in zahlreichen Briefen beklagte er das schlechte Essen.

So antwortete beispielsweise Christiane am 23. Mai 1798:

„Daß Dir es mit dem Essen nicht gut geht, betrübt mich; ich wünschte, ich könnte mich alle Tage ein paar Stunden unsichtbar machen und Dir kochen, da sollte es wohl schmecken.

Die alte Götzen könnte aber der Trabitiusen alles sagen, wie Du es gerne issest, und laß Dir ein paar junge Hasen schießen, und es gibt auch schon in Jena junge Hühner, habe ich gehört. Hier schicke ich Dir was Spargel."

Auch der Spargel spielte in der Beziehung zwischen Goethe und Christiane eine wichtige Rolle. „Hier ist auch etwas Spargel für Dich." (Christiane, 7. Mai 1799)

Zahlreiche kulinarische Liebesgaben nahmen ihren Weg zwischen Christiane und Goethe, Christiane schickte Spargel, Goethe bedankte sich mit Krebsen:

„Vom Spargel muß ich Dir doch den großen schicken, es ist mir, als ob ich den nicht essen könnte. Vor die Krebse danke ich recht herzlich, ..." (Christiane, 24. Mai 1797)

Christiane wurde von Goethe besonders oft mit Wildbret versorgt. So schrieb sie am 24. November 1798: „Ich danke Dir vor das Rehebrätchen." Oder am 12. Februar 1799, als Goethe ihr schrieb: „Ich schicke Dir hierbei etwas *Wildpret*, daran es mir hier nicht fehlt. Mit meinem Essen steht es überhaupt ganz gut, ich lasse mir von der Trabitius Morgens wieder Wassersupppen kochen, denn es scheint doch, daß die Chocolade mir nichts taugt. Wer weiß auch, was sie bei der Fabrication hineinmischen."

Am 27. März 1798 schickte Goethe eine Rehkeule („Hier schicke ich Dir eine Rehkeule, die Du mit Freund Meyer vergnügt verzehren magst. Mit meinem Essen geht es mir jetzt recht gut, und die beliebten Gemüse werden fleißig aufgetischt."), nur einen Tag später folgte Christianes Antwort: „In Eile will ich Dir nur schreiben, daß Du mir mit dem Rehkeulichen eine rechte Freude gemacht hast."

Während eines Aufenthaltes in Ilmenau kündigte Goethe bereits brieflich an, daß er Wild mitbringen würde.

„Ich bringe einen Wildpretsbraten mit und will nächste Woche Gäste darauf bitten. Lebe wohl und liebe uns." (2. September 1795)

Häufig bildeten die Mitteilungen, daß Lebensmittel geschickt würden, nur beiläufige Bestandteile von Goethes Briefen („Dir schicke ich 1 Pfund Spargel, die sehr schön sind, und dem Kinde Erdbeeren." (6. Juni 1797)), („Ich schicke hierbei schöne Erdbeere und wünsche, daß sie gut ankommen, leider sind sie schon einige Tage alt; ..." (9. Juni 1797)), es konnte aber auch vorkommen, daß das Essen zum zentralen Gegenstand des Briefwechsels wurde, besonders, wenn es um Gänse ging.

Goethe schrieb an Christiane am 5. März 1797 von Jena nach Weimar:

„Ich habe von Hamburg Nachricht, daß 6 Spickgänse an mich unterwegs sind. Es wird eine mit dem Porto keinen halben Thaler kosten, und dafür kann man sie brauchen; hebe sie sorgfältig auf, wenn sie ankommen. Man fragt auch an, was ich etwa sonst noch wünsche? Da die Jahreszeit schon so gelind ist, möchte ich nicht wohl räthlich sein, etwas Anders als etwa geräucherte Zungen kommen zu lassen; sage mir Deine Meinung darüber und schreibe mir gleich, wenn die Gänse ankommen. Du hast doch eine einzelne neulich in einer Schachtel erhalten?"

Christiane antwortete am 8. März aus Weimar:

„Ich habe letzt eine geräucherte Gans erhalten. Die 6 kannst Du brauchen vor diesen Preis; sobald sie ankommen, will ich Dir schreiben. Ich dächte, wegen der Jahreszeit ließ' sich immer noch was von Zungen und Rindfleisch transportieren, besonders wenn Du noch einige solche Spick-Aale kriegen könntest."

Goethe ist bekannt dafür, daß das Essen und Trinken bei ihm eine wichtige Bedeutung einnahm. Diese wird auch von E. Kleßmann betont. „Goethe ißt gern und gut, und er sieht auf Qualität. Zwar muß nicht an jedem Tag der Tisch üppig bestellt sein, aber er legt schon Wert auf Leckeres, und daran muß es ihm oft gemangelt haben. Da hat ihm ein Meerrettich-Gericht den ganzen Nachmittag verdorben, die Chocolade ist ihm nicht bekommen, weil man sie in Jena nicht richtig zu bereiten versteht, die Knackwürste sind etwas salzig gewesen, Selterwasser ist nicht zu bekommen, (..) liest man die aus Jena an Christiane gerichteten Briefe, so bekommt unser Goethe-Bild einen Zug, den man als genäschig bezeichnen möchte. Nein, auf gar keinen Fall Schweinefleisch, wohl aber Schinken zum Frühstück; ‚Froschkeulchen' sind sehr willkommen, und natürlich Spargel, den Christiane selber zieht, Salatöl aus der Weimarer Küche, weil das in Jena erhältliche ungenießbar ist; Würste und eingemachte Bohnen. Und immer wieder bereits fertiggebratenes Fleisch, das als kalter Braten verzehrt werden kann." (E. Kleßmann, Christiane, S. 158)

Dabei stand sein Essen immer in direkter Beziehung zu der Frau, die er gerade liebte. Dabei ließ er sich nicht wie ein Pascha bedienen, sondern half aktiv mit, gewünschte Lebensmittel, auch wenn sie noch so exotisch anmuteten, zu besorgen und sich und Christiane das gemeinsame Leben in kulinarischer Hinsicht so angenehm und anregend wie möglich zu gestalten. Dazu gehörte beispielsweise im Haus am Frauenplan in Weimar die Atmosphäre einer Tafel, an der nicht nur gegessen wurde, sondern an der getafelt und kultiviert gelebt wurde. Goethe war genauso wie Christiane ein sinnlicher Mensch, der genießen konnte und bei dem Genuß einen zentralen Bestandteil des Lebens ausmachte.

Um in den Genuß von frischen Spinat zu kommen, scheute er sich auch nicht, oberlehrerhaft Christiane zu erinnern:

„Versäume ja nicht, sogleich Spinat zu säen." (29. April 1796)

Die Lebensmittel, die im Briefwechsel zwischen Christiane und Goethe angeführt werden, machen einerseits die Wichtigkeit in der Beziehung deutlich, heben den Goethe-Haushalt aber doch auch sozial deutlich ab. Beim Gemüse reichte die Palette vom Spargel über Kohlrabi und Artischocken bis hin zu Schwarzwurzeln, beim Obst begann sie bei Erdbeeren, reichte über Kirschen, Aprikosen, Pfirsiche und Weintrauben bis hin zu Kürbissen, von roten Pflaumen bis hin zu exotisch anmutenden Feigen. Aber auch von Kuchen (Kirschkuchen, Bisquitkuchen), von Wild, Geflügel und Braten ist immer wieder die Rede.

Mit diesem Spektrum, das für das ausgehende 18. und beginnende 19. Jahrhundert nicht üblich war, war es schon möglich, ein Leben zu führen, in dem kulinarische Genüsse ein wesentlicher Bestandteil eines gemeinsamen sinnlichen Lebens darstellten. Und daß die Liebe zwischen Goethe und Christiane innig, aufrecht und beständig war, das beweisen diese Briefe auch. Liebe geht ja bekanntlich durch den Magen. 1792, als Goethe den Herzog auf einen Feldzug in Frankreich begleitete, schrieb Goethe aus Verdun an Christiane:

„Wärst Du nur jetzt bei mir! Es sind überall große breite Betten, und Du solltest Dich nicht beklagen, wie es manchmal zu Hause geschieht. Ach! mein Liebchen! Es ist nichts besser als beisammen zu sein. Wir wollen es uns immer sagen, wenn wir uns wieder haben. (...) Behalte mich ja lieb! Denn ich bin manchmal in Gedanken eifersüchtig und stelle mir vor: daß Dir ein andrer besser gefallen könnte, weil ich viele Männer hübscher und angenehmer finde als mich selbst. Das mußt Du aber nicht sehen, sondern Du mußt mich für den Besten halten, weil ich Dich ganz entsetzlich lieb habe und mir außer Dir nichts gefällt. Ich träume oft von Dir, allerlei konfuses Zeug, doch immer daß wir uns lieb haben. Und dabei mag es bleiben." (10. September 1792)

Kaninchennieren mit Kräuterchampignons

12 Kaninchennieren
5 Champignons
Salz, Pfeffer aus der Mühle
Kräuterbutter

*

Die Nieren wässern, von Haut und Röhren befreien. Die Champignons putzen.

*

Die Kaninchennieren mit den Champignons auf einem Holzspieß aufreihen, mit Salz und Pfeffer würzen. In einer tiefen Pfanne in reichlich Kräuterbutter anbraten.

*

Beliebig mit Salatblättern garnieren.

KALBSKOPF MIT MEERRETTICH

1/4 Kalbskopf
250 g Karotten
2 Staudensellerie
1/2 Lauchstange
6 Frühlingszwiebeln
6 kleine Kartoffeln
2 Schalotten
1 Eßlöffel (gestrichen) Pfefferkörner
2 Thymianzweige
1 Rosmarinzweig
2 Knoblauchzehen, geschält
20 g Weißwein-Essig
Saft einer Zitrone
Salz

Für die Sauce
1/2 l Kalbsfond
1 Teelöffel Kartoffelstärke
1 Eßlöffel Meerrettich aus dem Glas
50 g Butter
Zitrone, Salz
2 Eßlöffel Schnittlauch, geschnitten
Frisch geriebener Meerrettich für die Garnitur

*

Den Kalbskopf und die Zunge mit den geschälten, aber nicht zerschnittenen Gemüsen und allen genannten Zutaten in einen Topf geben und mit so viel Wasser auffüllen, daß Kalbskopf, Zunge und Gemüse bedeckt sind. (Der Topf sollte gerade so groß sein, daß alles knapp hineinpaßt.) Zum Kochen bringen, einmal aufkochen und bei kleiner Hitze zweieinhalb bis drei Stunden köcheln lassen. Wenn die Zunge gar ist, sie kocht nicht so lange wie der Kalbskopf, herausnehmen und die Haut abziehen.

*

Wenn der Kalbskopf weich ist, herausnehmen, kurz unter kaltem Wasser abschrecken, das Fleisch auslösen, parieren und warmstellen.

*

Für die Sauce vom Kochfond einen halben Liter abnehmen, passieren, um ein Drittel einkochen und mit der Stärke binden. Den Meerrettich dazugeben und die Sauce mit der Butter montieren. Mit Zitronensaft und eventuell noch etwas Salz abschmecken und den Schnittlauch einschwenken.

*

Die Gemüse aus dem Kochfond nehmen, je nach Größe im ganzen lassen oder in Stücke schneiden und auf tiefen Tellern anrichten. Kalbskopf und Zunge in Scheiben aufschneiden und dazugeben. Mit der heißen Sauce übergießen und mit frisch geriebenem Meerrettich garnieren.

Rehmedaillions in Holundersauce

1 Schalotte
1 Eßlöffel Olivenöl
1 Karotte
1 Stück Lauch
2 Eßlöffel roter Portwein
250 ml Rotwein
0,3 l brauner Wildfond
150 g Holunderbeeren, gezupft und gesalzen
50 g Butter
250 g Rehrücken, ausgelöst
Salz, Pfeffer aus der Mühle
2 Eßlöffel Olivenöl

*

In einem Topf das Olivenöl erhitzen, die feingewürfelten Schalotten darin anschwitzen, das zerkleinerte Gemüse und die Pfefferkörner dazugeben und mit Portwein ablöschen.

*

Den Rotwein, Wildfond und die Holunderbeeren zugeben und zur Hälfte einkochen lassen.

*

Die Sauce durch ein Sieb gießen, mit Butter mit dem Mixer aufschlagen und abschmecken.

*

Den Rehrücken würzen. In einer Pfanne das Olivenöl erhitzen, das Fleisch darin von allen Seiten rasch anbraten. Den Rehrücken ins vorgeheizte Rohr schieben und bei 220 Grad garen. Das Fleisch sollte schon rosa werden. Herausnehmen und am Herdrand noch 5 Minuten ziehen lassen.

Labskausschnitten

1 kleine Zwiebel
Schmalz
100 g gekochte mehlige Kartoffelwürfel
120 g gekochtes Pökelfleisch
100 g gekochte Rote Bete
1 Salzgurke
2 Eßlöffel Crème fraîche
Salz
Dill
Toastbrotscheiben

Garnitur
Wachteleier
Matjesröllchen
1 Salzgurke

*

Die Zwiebel schälen, fein hacken und in Schmalz glasig dünsten.
Die Kartoffeln dazugeben und etwas zerstampfen.
Pökelfleisch, Rote Bete und Salzgurke kleinwürfelig schneiden, zu den Kartoffeln geben und die Crème fraîche unterrühren. (Einige Rote-Bete-Würfel für die Garnitur beiseite legen.)
Die vorbereitete Masse mit Salz würzen.
Dill fein schneiden, unterrühren und das Labskaus abschmecken.
Toastbrotscheiben toasten, diagonal halbieren und etwas abgekühlte Labskausmasse draufgeben.

*

Mit jeweils einem Wachtelspiegelei und Roter Bete garnieren. Matjesröllchen und Gurkenfächer dazulegen.

LANGUSTINEN IN FRITIERTEN NUDELN AUF LINSENSPROSSEN MIT SÜSS-SAURER SAUCE

4 Langustinen „Royal"
120 g Eiernudelteig
Salz
Öl zum Fritieren
120 g Linsensprossen

Für die Sauce
0,1 dl roter China-Essig
10 g frischer Ingwer, geraffelt
1 Knoblauchzehe, gepreßt
10 g Zucker, Salz
0,2 dl Sonnenblumenöl

*

Die Langusten ausbrechen und leicht salzen. Den Nudelteig sehr dünn ausrollen und in millimeterdünne Streifen schneiden. Beim Schneiden darauf achten, daß die Streifen nicht zu sehr durcheinandergeraten. Die Langustinen in die Nudeln einwickeln. In einer kleinen Pfanne das Öl erhitzen, bis es raucht, die Langustinen hineingeben und fritieren, bis die Nudeln goldbraun und knusprig sind. Herausnehmen und abtropfen lassen. Aus Essig, Ingwer, Knoblauch, Zucker, Salz und Öl die süß-saure Sauce anrühren und die Linsensprossen damit anmachen. Die Nudel-Langustinen auf dem Sprossensalat anrichten.

*

Meines Wissens sind Linsensprossen im Handel nicht oder nur selten erhältlich. Es ist jedoch kein Problem, die Sprossen selbst zu züchten. Dazu die Linsen kurz einweichen, in eine flache Schüssel ein feuchtes Tuch legen, die Linsen daraufstreuen und mit einem zweiten feuchten Tuch zudecken. An einen dunklen Platz stellen und einmal täglich beide Tücher durch Besprühen neu befeuchten. Das Sprießen dauert je nach Jahreszeit drei bis fünf Tage. Noch einfacher ist die Prozedur mit dem „Bio-Snacky", einem Sprossen-„Sprießgerät", das in Bio-Läden erhältlich ist. In den runden Plexiglas-Behältern wird die Feuchtigkeit durch ein kleines Ventil reguliert, man braucht darum bei diesem Verfahren weder Tücher noch Vliesstoff.

Die erotischen Fantasien einer schwärmerischen und aufdringlichen Goethe-Verehrerin

Bettina Brentano (1785-1859) war die Tochter des Kaufmanns Peter Anton Brentano und Maximiliane von La Roche, einer Freundin von Goethe.

Bettina Brentano läßt sich kurz dadurch charakterisieren, daß sie eine schwärmerische Verehrung für Goethe empfand, zu der sich auch durch ihre Heirat mit Achim von Arnim nichts änderte. Kennzeichen für sie waren eine pedante weibliche Aufdringlichkeit, eine übersinnliche Erregung, eine Verwischung von Traum und Wirklichkeit. Es gab für sie nur ein Thema: dieses Thema war männlich und hieß Johann Wolfgang von Goethe. Ihre, wenn man so will, Goethe-Manie steigerte sich bis hin zu erotischen Fantasien, die Goethe nicht immer nur lästig, sondern auch schmeichelhaft waren.

Die Verehrung für Goethe kannte bei Bettina Brentano scheinbar keine Grenzen. So schrieb sie: „Seine Büste auf meinem Tisch, oft leg ich die Hand an die kalte breite Stirn, so lebendig ist das Bild, daß ich glauben muß, er winkt mir, er lacht, er scheint traurig, je nachdem ich es selbst bin, alles wie unter einem Schleier."

Die erste Begegnung zwischen Bettina Brentano und Goethe gab es am 23. April 1807 in Weimar. Er war bei ihrer ersten Begegnung 57 Jahre alt, sie 22.

Darüber schrieb sie an Clemens:

„Ich wartete in einem Zimmer, das voll kleiner Holzschnitte und Zeichnungen hängt, ich blieb bei einer Madonna in Holzschnitt stehen und dachte so in meinem Sinn, was Goethe wohl gedacht haben mochte, daß er es so schön eingerahmt hatte. Indem trat er herein, grüßt mich, führt mich auf sein Zimmer. Nachdem ich saß, rückt er sich einen Stuhl herbei. Nun, da sind wir ja, jetzt wollen wir schwätzen, bis Nacht ist, er sprach mir viel von Arnim, den hat er wirklich lieb, auch über Dich sagte er mir mancherlei Gutes und Schönes, was mir sehr lieb ist, er ist doch sehr gerecht und mild und auch nachsichtig, er hat eigentlich den wahren Respekt vor der menschlichen Natur. Wer vor ihm steht ohne Prätension, mit aufrichtiger Liebe, dem muß es wohlgehen bei ihm. Ich plauderte alles, was mir auf die Zunge kam, und er war damit zufrieden, ich sagte ihm, daß ich seine Lebensgeschichte schreiben wollte, dies freut ihn, er eiferte mich ordentlich dazu an. Er war so ehrend in allem, was er sprach, ich konnte nicht begreifen, wie ihm alles so ernst war, was wir gegenseitig sprachen, ich fragte ihn darum, es ist einmal nicht anders und kann nicht anders sein, sagte er, nicht alle Menschen haben ein Recht auf mein Herz (...) Als ich wegging, steckte er mir einen Ring an den Finger und erinnerte mich nochmals an seine Biographie. Sein Leben will ich nicht schreiben, das kann ich nicht, aber den Duft seines Lebens will ich erschwingen und auffassen und zum ewigen Andenken seiner bewahren. Ach, lieber Clemens, was mir so wohl gefiel - ich war so ruhig bei ihm, er war mit mir wie mit einem Jugendgespielen."

Bettina Brentano schrieb am 13. Juli 1807 an Achim von Arnim, ihren späteren Ehemann:

„In Weimar ward mir ein einziger Wunsch erfüllt: die vier Stunden, die ich dort zubrachte, schaute ich in Goethes Antlitz, der mich wieder so freundlich ansah, so freundlich! Kein Wesen in der ganzen Natur war mit so angemessen, gab so, was ich begehrte, als eben das seinige. (...) Ich wundre mich, daß ich so ruhig war bei ihm, bei ihm allein, daß ich auf seiner Schulter lag und beinah schlief, so still war die Welt um mich her, und er ließ sich's gefallen und war auch still und war so ehrend in dem wenigen, was er zu mir sprach. Ich trag einen Ring von ihm am Mittelfinger der rechten Hand. Es ist eine kleine Figur in einen blauen Stein geschnitten, die ihre Haare löst oder bindet..."

Die nächste Begegnung zwischen Goethe und Bettina Brentano gab es im November des Jahres 1807.

Über diese Begegnung zwischen Goethe und Bettina Brentano schreibt Fritz Böttger:

„Bettina sah Goethe wiederholt an. Unkonventionell und burschikos, wie sie einst war, erschien sie auch uneingeladen bei ihm. Der Höhepunkt dieser zweiten Begegnung liegt zweifellos in der Szene, die sich am 4. November in der Bibliothek abspielte. Vor der Goethebüste von Trippel blieb sie mit dem Dichter stehen und küßte sie. ‚Auf der Bibliothek da konnte ich nicht umhin, mich zu Deiner jungen Büste aufzuschwingen und meinen Schnabel gleichsam wie eine junge Nachtigall daran zu wetzen, Du breiter voller Strom...', schrieb sie Anfang Januar 1808 an Goethe." (F. Böttger, Bettina von Arnim, S. 76)

Diese Bibliothekszene mit dem „Büstenkuß" findet sich bei Goethe in seinem Gedicht „Das Mädchen spricht" wieder. Dieses Gedicht, im Dezember des Jahres 1807 entstanden, war wahrscheinlich an die Pflegetochter von Frommann in Jena, Wilhelmine Herzlieb, gerichtet. Jedoch war Bettina Brentano so frei, dieses Gedicht und den gesamten aus 17 Sonetten bestehenden Zyklus auf sich und nur auf sich zu beziehen.

Bei diesem Besuch bei Goethe im November war sie Goethe bereits deutlich nähergerückt. Sie hatte sich immerhin seine Duzfreundschaft „erarbeitet" und die Erlaubnis, ihm so viele Briefe zu schreiben, wie sie wollte.

Tief beeindruckt von diesem Besuch in Weimar schrieb Bettina Brentano im Dezember 1807 an Goethe:

„Warum muß ich denn wieder schreiben? Einzig um wieder mit Dir allein zu sein; zu sagen hab ich nichts, damals hatte ich auch nichts zu sagen, aber ich hatte Dich anzusehen und innig froh zu sein, und war Bewegung in meiner Seele. - Und wenn ein Dritter meine Briefe sähe, er würde sagen, hier ist einzig von Liebe die Rede, es ist ein Herz voll Liebe, das hier geschrieben hat, es ist ihm nicht mehr zu helfen.

Ist dem zu helfen, der die Augen einmal ins Leben aufgeschlagen hat? - Er ist geboren, und muß die Welt anschauen mit Schlechtem und Rechtem, bis in den Tod. - Seelig, wer beym ersten Blick gleich das herrlichste erblickt und es so fest anblickt, daß kein Lärm und fremder Schein ihn abzuwenden vermag. Bin ich zu tadeln, Herr meiner Seele; soll von Liebe nicht die Rede sein? so muß ich wahrlich verstummen, denn ich weiß nichts anders. (...)"

Ein weiterer Brief von Bettina Brentano aus dem Januar des Jahres 1808 enthält folgenden Wortlaut:

„Ich möchte Deine liebe Hand mit meinen beiden an mein Herz drücken, und Dir sagen, wie hier und dort ich dich immer lieben werde, wie Friede und Fülle über mich gekommen ist, seitdem ich Dich weiß. - Ich weiß, daß es nicht der Abend ist, der mir jetzt ins Leben herein dämmert; wenn das wäre, so würden sich alle meine Wünsche und Freuden an Dir hinaufbilden, daß Du mit überdeckt wärest und bekränzt wie mit immer grünem Laub. Ich werde noch oft mit leichtem Herzen Scherz und Lust durchwühlen, ich werde mich müde tummeln, so wie ich in meiner Kindheit mich aus Übermut auf den blühenden Feldern herumwälzte und alles zusammen drückte, und die Blumen mit den Wurzeln ausriß, um sie ins Wasser zu werfen. - aber auf süßem warmem festem Ernst will ich ausruhen, und der bist Du -

Ich sag es noch einmal, wer weiß es auf der weiten Erde, wer kann es begreifen? wie ich Dich innig verehre und liebe, und wie ich so ruhig in Dir bin, als ich ganz allein? ich könnte wie die Berge Nächte und Tage in die Vergangenheit tragen, ohne nur zu zucken in deinem Andenken. Wenn aber der Wind zuweilen von der ganzen blühenden Welt den Duft und Samen zusammenträgt, und ihn auf der Berge Gipfel hängt, so werden sie auch berauscht, so wie ich gestern; da hab ich die Welt geliebt, da war ich selig, wie eine aufsprudelnde Quelle, in die die Sonne zum erstenmal scheint. leb wohl, Du guter großer herrlicher Freund! ich steh auf einem Fels in meiner Liebe, auf den ich mit Lebensgefahr gekommen bin, ans Herunterklettern ist gar nicht zu denken, da bräche ich auf allen Fall den Hals."

R. Friedenthal charakterisiert in seiner Goethe-Biographie Bettina Brentano folgendermaßen:

„Dieses Wesen (...) rückt Goethe nun in Weimar ins Haus, auf die Stuhllehne, auf den Schoß, wenn es irgend geht. Sie ist kein Kind, aber sie spielt das Kind, sie ist vierundzwanzig, mit feinem, italienisch braunem Kopf und scharfer Nase, üppig sonst in der kleinen Figur und mit merkwürdig großen, fast plumpen Händen. Ungeniert versucht sie zuzugreifen. Als Frankfurter Kind führt sie sofort das Du ein mit dem Olympier (...) Goethe hört gelassen zu. Das Geschwabbel, der vertraute Frankfurter Tonfall regt allerhand Erinnerungen in ihm an. Christiane, nun Geheimrätin, schaut mißtrauisch auf die verwöhnte Person aus reichem Hause, deren Dialekt sie kaum versteht, deren rastlos tastende Blicke sie aber wohl begreift. Auf der Hinreise, in Dresden, hat Bettina ihrem Freund Tieck, auf der Stuhllehne reitend, noch keck versichert; ‚Weischt Du, Tieck, vom Goethe muß ich um jeden Preis ein Kind haben - das muß ein Halbgott werden!' Es mag eine Anekdote sein, aber sie selber phantasiert dann in ihrem Buch von einem heimlichen Besuch Goethes: des Nachts sei er zu ihr in den Gasthof ‚zum weißen Elephanten' geschlichen, drei Treppen hinauf, auf dem Sofa, wo sie zusammengekuschelt lag, habe er sie in seinen Mantel geschlossen." (R. Friedenthal, Goethe, S. 554, 555)

Über die letzte Nacht, die Bettina in Weimar verbrachte, ist folgende Darstellung geliefert, deren Wahrheitsgehalt nicht abgesichert ist:

„Am Abend vor ihrer Abreise aus Weimar war Bettina mit einigen anderen Menschen bei Goethe. Sie saß zurückgelehnt im Sofa, da nahm er ein Kissen, schob es ihr unter den Kopf und sagte: ‚Schlaf da getrost, mein Kind, bleibe noch, wenn die Andern gehen!' Als sie sich später zum Weggehen erhob, nahm er das Kissen, legte es in sein Bett zurück und sagte: ‚Denk, wenn Du dort neben mir schlafen würdest? Du siehst, daß ich dich nicht störe.' ‚Ja,' antwortete sie, ‚ich werde einmal neben dir schlafen.' Sie ging dann; aber später in der Sommernacht ging sie in den Garten neben dem Hause, in dem sie mit ihrer Schwester wohnte, er stieß an Goethes Garten. Sie stieg über die niedrige Mauer, die die Gärten trennte, setzte sich auf eine Blumenrabatte vor seinem Fenster und weinte glückliche Tränen. Gegen Morgen pflückte sie die schönsten Blumen, so viele sie tragen konnte, trat leise in sein Zimmer, das eine Glastüre zum Garten hatte, sah das Kissen, woran sich am Abend ihr Haupt gelehnt hatte, jetzt unter dem Haupte des schlafenden Greises. Sie legte ihre Blumen vor sein Bett und schlief ein paar Stunden auf ihnen, herrlicher denn je. Als sie erwachte, ging sie leise auf demselben Wege hinaus, aber er erwachte dabei und rief sie verwundert zurück. ‚Siehst du', sagte sie, ‚ich habe zu deinen Füßen geschlafen, die zerdrückten Blumen beweisen es!' Er rief sie wieder zu sich, schnell umfaßte sie ihn einmal und eilte fort; eine Stunde später saß sie im Wagen, der sie aus Weimar hinwegführte..."

Eine weitere Begegnung gab es im August des Jahres 1810, als Goethe in Teplitz zur Kur weilte.

„Zusammen mit ihrem Schwager Savigny und ihrer Schwester Gunda kam sie im Laufe des 9. Augusts in Teplitz an. Ungeduldig wie stets eilte sie ihren Verwandten voraus zum ‚Goldenen Schiff', einem Gasthof mit vielen Zimmern, wo Goethe im ersten Stock logierte, um ihren geliebten Dichterfreund zu begrüßen." (F. Böttger, Bettina von Arnim, S. 111)

Goethes Tagebuch vom 11. August 1810 enthält folgende

Eintragung: „Mit Bettina im Park spazieren. Umständliche Erzählung von ihrem Verhältnis zu Fräulein Günderode. Charakter dieses merkwürdigen Mädchens und Tod."

„Diese lakonischen Stichworte vermitteln natürlich nichts von der vibrierenden Atmosphäre während dieses Spazierganges. Wir wissen, wie sehr auch der ältere Goethe unter gegebenen Umständen dazu neigte, jungen Mädchen den Kopf zu verdrehen, ‚mit der größten Zärtlichkeit und mit den geistreichsten Wendungen' um die Erlaubnis bat, die Hand zu küssen. Und Bettinas ‚Nebenbuhlerin', die schon erwähnte Pauline Gotter, schrieb an ihre Freundin: ‚Aber ich glaube auch, daß seine Gegenwart sehr gefährlich sein kann, und ich versichere Dich, daß ich mein ganzes bißchen Verstand zusammengenommen habe, um mir jeden Augenblick klar zu gestehen, daß alle süßen Worte, die er mir ins Ohr raunte, nicht mir insbesondere, sondern jedem jungen Mädchen gelten würden.' Auf diesem Spaziergang kam es möglicherweise zu größeren Vertraulichkeiten. Das dürfen wir aus einem Passus in Bettinas Brief vom 18. Oktober herauslesen, in dem sie an Goethe schrieb: ‚Seitdem wir in Töplitz zusammen gesessen haben, kann ich keine Komplimente mehr mit Dir machen, buchstabiere Dich durch, wie damals durch mein Geschwätz.' Goethe und Bettina waren sich also bei diesem Zusammensein nähergekommen als bisher. Das läßt auch seine Bemerkung im Brief an Christiane vermuten: ‚Sie war wirklich hübscher und liebenswürdiger wie sonst'" (F. Böttger, Bettina von Arnim, S. 112)

Zum Bruch zwischen Goethe und Bettina Brentano kam es im Jahr 1811. Hierüber schreibt W. Bode: „Am heftigsten ward Goethe in diesen Jahren von Bettina Brentano, einer Tochter der einst geliebten Maximiliane, angeschwärmt; sie wallfahrtete zu ihm, schrieb ihm phantastische Briefe - einige davon dichtete er zu Sonetten um - beschenkte ihn und versuchte auch, seine Frau in ihr liebreiches Herz zu nehmen; aber schließlich gewann die Wut, daß eine solche Frau die Gesellin eines Halbgottes war, die Oberhand, und in einem öffentlichen Saale, bei einer Bildausstellung, kam es zu einem häßlichen Streite zwischen den beiden Frauen. Nun erzählte man sich in der Stadt, daß die Geheimrätin v. Goethe von der Frau von Arnim - so hieß Bettina seit kurzem - eine ‚dicke Blutwurst' oder eine ‚wahnsinnige Blutwurst' geschimpft worden sei. Goethe verbot der Beleidigerin seiner

Gattin das Haus; in der Stadt aber nahm man Partei für Bettinen." (W. Bode, Goethes Liebesleben, S. 269)

Trotz des Bruches zwischen Goethe und Bettina von Arnim gab es dennoch Briefe von Bettina an Goethe, die ihre schwärmerische Verehrung verdeutlichen.

So schrieb sie 1825 an Goethe:

„Ich konnte Dir nicht schreiben, seit ich Dich gesehen! - Die Seele ruhte solange in Deiner letzten Umarmung, ich konnte, ich wollte sie nicht wecken zu anderem Denken; Du und Du mit liebender Begegnis: könnte ich mit Dir sein von Ewigkeit zu Ewigkeit, Fackelträger - und an der heimatlichen Schwelle löschte ich die Fackel, denn wir finden uns in der Finsternis im tiefsten Schacht der Seele, weil die Wahrheit uns leuchtet, denn ich bin ganz wahrhaftig in meiner Liebe, denn ich will mit Dir leben durch alle Regionen.

Stolzer Leib! Herrlicher Geist, Hort der Schönheit! Fassen und Fühlen, Schwimmen in Seligkeit, untertauchen in ihr, Küssen, Beten, Versinken, alles hast Du mich gelehrt, und nur in Dir hab' ich's begriffen.

Und welches mächtige Treiben, da wo jeder Herzschlag zu zählen ist, jeder Atemzug zu messen, jeder Seufzer zu wägen; denn alles andere hat kein Gewicht. Amen..."

Unter dem Eindruck der Begegnung mit Goethe in Teplitz (1810) schrieb Bettina von Arnim einen Text, der von ihr jedoch nicht veröffentlicht wurde.

„Es war in der Abenddämmerung im heißen Augustmonat, in Teplitz, er saß am offenen Fenster, ich stand vor ihm und hielt ihn umhalst, und mein Blick wie ein Pfeil scharf ihm ins Aug gedrückt blieb drin haften, bohrte sich tiefer und tiefer ein. Vielleicht weil er's nicht länger ertragen mochte, frug er, ob mir nicht heiß sei, und ob ich nicht wolle, daß mich die Kühlung anwehe, ich nickte, so sagt' er: ‚Mache doch den Busen frei, daß ihm die Abendluft zugute komme.' Und da er sah, daß ich nichts dagegen sagte, obschon ich rot ward, so öffnete er meine Kleidung; er sah mich an und sagte: ‚Das Abendrot hat sich auf deine Wangen eingebrennt', und dann küßte er mich auf die Brust und senkte die Stirne darauf; - ‚kein Wunder', sagte ich, ‚meine Sonne geht mir ja im eignen Busen unter.' Er sah mich an, lang, und waren beide still. - Er fragt': ‚Hat dir noch nie jemand den Busen berührt?' - ‚Nein', sagt' ich, ‚mir selbst ist es so fremd, daß du mich anrührst.' - Da drückte er viele, viele und heftige Küsse mir auf den Hals, mir war bang, er solle mich loslassen, und er war doch so gewaltig schön, ich mußte lächlen in der Angst und war doch ganz freudig, daß mir's galt, diese zuckenden Lippen und dies heimliche Atemsuchen, und wie der Blitz war's, der mich erschüttere, und meine Haare, die von Natur sich krausen, hingen herunter, er wollte Ruhe wieder, ich sah es recht in seinem Gesicht, wie er sich faßte, und sammelte mein zerstreutes Haar in der Hand, und war immer wieder still, wie wenn er hätte sprechen wollen und hatte nicht den Atem. Dann sagt' er so leise erst: ‚Du bist wie das Gewitter, deine Haare regnen, deine Lippen wetterleuchten, und deine Augen donnern.' - Da fand ich auch meine Stimme: ‚Und du bist wie Zeus, du winkest mit den Brauen und der Olympus erzittert.' - ‚Wenn du künftig abends dich auskleidest und die Sterne leuchten dir in den Busen wie jetzt, willst du da meiner Küsse gedenken?' - ‚Ja!' - ‚Und willst denken, daß ich ohne Zahl wie die Sterne tausendfach das Siegel meiner Liebe dir in den Busen drücken möcht?' - ‚Ja!' - ‚Und willst denken, daß es Unvergeßliches ist, Unsterbliches, was ich in dir erlebe, willst du das glauben?' - ‚Ja!' sagt' ich, ‚ich will's glauben!' - Er... ja wie war's doch? - Er seufzte so tief, und lehnte den Kopf an mich, und: ‚Verzeih mir's', sagte er, ‚daß ich so ganz stark nicht bin', und sah zu mir hinauf und drückte mir den Busen fest. - Ich reichte über ihm weg nach dem Weinlaub am Fenster, ich riß eine Weinranke ab und schlug ihm auf die Hände: ‚Wenn künftig die Reben Laub gewinnen und du stehst bei sinkender Nacht bei sternhellem Himmel am Fenster, einsam, willst du da meiner gedenken?' - fragt' ich. Er sagte auch: ‚Ja!' ‚Und willst du denken meiner Wehr gegen dich, kühner Mann, und daß ich keine Macht hab, dir zu widerstehen mit so feurigem Blick und mächtigen Worten und so großer Schönheit, die ich nie noch geahnt habe, daß sie das Antlitz durchleuchten könne, und willst dich der Schläge erinnern, die ich dir hier gebe für dein unritterlich Betragen, dem unbewaffneten Knappen solche Schmach anzutun?' - Er lachte laut auf, ließ mich los und rief: ‚So bändigend, und solche Unschuld - solche Gelassenheit und solche Leidenschaft! - süßes süßes Weib!' Nun muß ich Dir sagen, dem ich dies erzähle, wie er diese Worte ausrief, das machte mich taumeln, es schrie in meiner Brust vor Wehtum der Wonne, und meine Seufzer wurden zu Lauten, ich umklammerte ihn fest. Er war bewegt, wie wenn er die Tränen verhalte, und sagte: ‚Komm, ich will dir den Busen wieder zudecken'; er liebkoste sie aber wieder und fragte: ‚Warum meinst du, daß es Strafe verdient? - soll man nicht das Schöne umfassen? ist es nicht die Aufgabe meines Lebens? - bin ich darum nicht der Dichter.'- Ich war wieder ruhig, ich war wieder gelassen, ich war wieder listig; ich lächelte ihn an, und besann mich auf die Antwort. ‚Nun was hast du für Schelmerei im Sinn.' Umfaßt denn Gott die Welt, oder die Welt Gott?' - fragt' ich. - ‚Ei freilich, Gott umfaßt die Welt, und ich bin der selige Gott, den es durchdringt, daß er von seiner Welt empfinden wird, wenn er sie umfaßt.'- ‚So ist es denn nicht die Schönheit, die du umfassest, und trägst und umfassest die Sünden der Welt, denn ich konnte mich vergessen und dich strafen wollen, leugnend, daß du der Gott seist, der sich zu mir herabläßt.' Und ich war heimlich sehr bewegt bei all dem Scherz und mußte mich zusammennehmen, daß ich meine Worte hinwarf mit klopfendem Herzen, Du, der es liest, könntest wohl falsch von mir urteilen, ich sei kokett gewesen, nein ich war voll heiliger Scheu, es kam mir vor, wie wenn diese Scherzreden alle aus göttlichem Leben zwischen uns beiden wie Funken auffliegen, und so in eine höhere Region tanzen. Ich hab mir dies Gespräch wohl tausendmal wieder vorgebetet, jeden Abend vor dem Einschlafen erzählte ich es mir wieder und erlebte in Gedanken noch manches, was ich ihm dann am andern Tag schrieb; - aber es war noch nicht alles; - jetzt streckte er die Arme wieder nach mir und sagte: ‚Komm!'- und zog mich aufs Knie und drückt' meinen Kopf ans Herz und spielt' mit meinem Ohr und lehnte mit der Stirne an meiner Stirne und so lange Zeit, wo ihm Schweißtropfen auf mich niederfielen, erst küßt' ich sie auf, dann bekam ich wahrhaftig Durst darnach, und trank sie mit den Lippen auf, die Augenwimpern badete ich ihm mit meinen Lippen. - Der Schweiß perlte über seinem herrlichen Mund, den er herb geschlossen hielt, er seufzte tief, er ächzte, ich ließ mich nicht stören, ich leckte alle Schweißperlen auf, er legte die Zunge auf die Lippen, ich biß sie ganz leise, ich biß auch in die Lippen, er drückte mich an seine Wangen und meine Tränen liefen ihm über das Antlitz; er sagte wieder: ‚Weib! Weib! wenn du wüßtest, wie süß du bist, dann! ja dann erst könntest du's begreifen, wie streng die Fesseln sind, die deine Unschuld mir anlegt, daß ich's nicht vermag, sie zu zerreißen.'"

Bleibt die Frage nach der Wichtigkeit des Essens und Trinkens in der Beziehung zwischen Goethe und Bettina Brentano.

Bei der Begegnung zwischen Goethe und Bettina Brentano im November 1807 kommt auch das Speisen ins Spiel. Am Abend des 1. November gab es einen geselligen Kreis bei Goethe, was immer das auch heißen mag, jedenfalls waren die beiden nicht allein. Die Einladung zum Mittagessen am Folgetag schien schon mehr zu versprechen, doch zum Mittagessen tauchte neben Bettina auch das Ehepaar Savigny auf, und damit war der Traum von einem Liebesmenü für zwei Personen geplatzt.

Die nächste Begegnung, 1810 in Teplitz, schien mehr für Bettina zu versprechen. Am 10. August gelang es ihr immerhin, den Vormittag allein mit Goethe zu verbringen, aber zunächst kein Essen, sondern lediglich ein ausgiebiger Spaziergang im Park. Immerhin. Die *Mittagstafel* wurde dadurch in ihrer sinnlichen Qualität gemindert, da urplötzlich der Herzog Carl August erschien, der sowieso die Fähigkeit besaß, immer dann bei Goethe aufzutauchen, wenn es spannend wurde. Was es zu Mittag zu Essen gab, ist nicht überliefert, muß sich aber positiv auf Bettinas Beziehung zu Goethe ausgewirkt haben, denn sie war, im Nachhinein betrachtet, vom Verlauf dieser Tage beglückt. Was will frau mehr? Am anderen Tag, dem 11. August, verbrachte Bettina wiederum den gesamten Vormittag mit Goethe. Abends hatte jedoch Goethe seine Wohnung voller Gäste, von Zweisamkeit konnte wiederum keine Rede sein.

Schnepfenbrüste mit Wirsing und Gänseleber

2 x Schnepfen
Salz
2 Eßlöffel Olivenöl
4 Scheiben grüner Speck
2 Thymianzweige
6 zerdrückte Wacholderbeeren
Pfeffer aus der Mühle

Wirsing
$^1/_2$ Wirsingkopf
2 Scheiben durchwachsener Speck
3 Eßlöffel süße Sahne
Salz
Pfeffer aus der Mühle
Muskat
100 g Gänseleber
Salz
Pfeffer aus der Mühle
1 Teelöffel Öl

Sauce
0,1 l brauner Geflügelfond
50 g Butter

*

Von den Schnepfenhühnern die Brüste ablösen, salzen und in heißem Öl rasch von beiden Seiten anbraten.

*

Den grünen Speck in 15x15 Zentimeter große Quadrate schneiden, auslegen, je 2 Hühnerbrüstchen daraufsetzen, die Gewürze darüber verteilen und die Brüste einwickeln.

*

Die Strünke vom Wirsing entnehmen, die Blätter im circa 2x3 Zentimeter große Quadrate schneiden, in kochendem Salzwasser blanchieren, in Eiswasser abschrecken, durch ein Sieb gießen und auf einem Tuch auslegen.

*

Den Speck fein würfeln, kurz blanchieren, das Wasser abgießen. Die Speckwürfel kurz anbraten, die Sahne zugeben zur Hälfte, den Wirsing dazugeben und gut abschmecken.

*

Die Gänseleber in kleine Würfel schneiden, wenig würzen und in heißem Öl sehr rasch schwenken. Die Leber soll innen noch rosa sein.

*

Die Schnepfenbrüste im vorgeheizten Rohr circa 15 Minuten bei 200 Grad garen, herausnehmen.

*

Den Geflügelfond aufkochen und mit der Butter aufschlagen. Den Wirsing auf vorgewärmtem Teller anrichten, die Schnepfenbrüste aus dem Speck heben, die Gewürze abstreifen.

*

Die Brüstchen in Scheiben schneiden, auf den Wirsing setzen und mit Sauce sautieren.

Ananas surprise

4 Scheiben frische Ananas
3 dl Mango-Sorbet
Beeren der Saison zum Garnieren
(zum Beispiel Himbeeren, Brombeeren, Heidelbeeren, Erdbeeren)

Für die Sauce
100 g Zucker
50 g Butter
Saft einer Orange
0,5 dl Cognac
0,5 dl Bananen-Likör
Schale einer Orange, in feinen Streifen

Für das Sorbet
200 g Zucker
0,2 dl Wasser
250 g reifes Mangofleisch
1 Spritzer Zitronensaft

Für den Strudelteig
300 g Mehl
1,5 dl Milch
1,5 dl Öl
1 Ei
Salz
Öl zum Fritieren
Puderzucker

*

Für das Sorbet Zucker in Wasser auflösen und kurz aufkochen. Das Mangofleisch im Mixer pürieren und in den Zuckersirup geben. Mit Zitronensaft abschmecken und gefrieren.

*

Die Zutaten für den Strudelteig in eine Schüssel geben, gut vermischen und von Hand etwa fünf Minuten kneten, bis ein sehr geschmeidiger Teig entsteht. Auf einen Teller legen, mit Folie abdecken (damit keine Kruste entsteht) und mindestens dreißig Minuten im Kühlschrank ruhenlassen.

*

Ausrollen, anschließend mit der Hand so dünn als möglich ausziehen und runde Oblaten ausstechen.

*

Für die Sauce in einer Pfanne den Zucker karamelisieren. Der Zucker darf nicht verbrennen, weil er dann unangenehm bitter schmeckt. Man braucht etwas Erfahrung und Fingerspitzengefühl, um den genau richtigen Moment für die Butter-Zugabe zu erwischen: Wenn der Zucker goldbraun ist und ganz leicht zu schäumen beginnt, sofort vom Herd nehmen, die Butter zugeben und schmelzen lassen.. Sie wird durch die Hitze aufschäumen und auch leicht braun karamelisieren. Danach tropfenweise den Orangensaft dazugeben.

*

Die Ananasscheiben in die Sauce legen, den Cognac darübergießen und flambieren. Wenn die Flamme erloschen ist, den Bananen-Likör und die Orangenschalenstreifen zugeben und alles zusammen auf kleinem Feuer fünf Minuten köcheln lassen. Wenn der Orangensaft zu schnell zugegeben wurde, haben sich Zuckerklümpchen gebildet. Das ist jedoch kein Problem, die Klümpchen lösen sich beim Köcheln wieder auf.

*

Die warmen Ananassscheiben mit einer Kugel Mango-Sorbet anrichten. Mit der Sauce umgießen und mit den Beeren garnieren. Die Strudelteig-Oblaten in heißem Öl fritieren, abtropfen lassen, großzügig mit Puderzucker bestreuen und auf das Sorbet legen.

„Dieses Baumes Blatt (...) gibt geheimen Sinn zu kosten."

Im Sommer des Jahres 1814 unternahm Goethe eine Reise an den Rhein und den Main. Hierbei besuchte er auch Johann Jacob von Willemer und lernte dabei seine spätere Frau Marianne kennen, die 25 Jahre jünger als er war.

Im Jahr 1815 reiste Goethe wiederum zu den Willemers.

„Mariannes Anmut und Fähigkeit, ihre Mitmenschen zu fesseln, ihr Interesse und ihre Begabung fürs Musische machten wohl auf Goethe einen großen Eindruck. Was sich genau zwischen der 30jährigen Marianne und dem 66jährigen Goethe abgespielt hat, weiß man nicht. Man berichtet von langen Spaziergängen, Fahrten, geselligem Beisammensein und Festen. Fest steht jedenfalls, daß Goethe begann, über Marianne und an sie Gedichte zu schreiben. Marianne antwortete - in Gedichtform! - und zeigte darin eine solche Begabung, daß Goethe ihre Gedichte in seine Sammlungen aufnahm. Lange wußte man nicht einmal, welche Gedichte von Goethe stammten und welche von Marianne. Die Gedichte sind in ihrem Inhalt schwer zu verstehen, weil sie hochintellektuell und verschlüsselt sind." (E. Schulte Huxel, Was Sie immer schon..., S. 137, 138)

Der Besuch von Goethe bei den Willemers machte nicht nur einen großen Eindruck auf Marianne, sondern auch auf die übrigen Familienmitglieder.

Der Geheimrat Willemer schrieb:

Der Wein begeistert den Verstand,
die Liebe das Herz,
Goethe beide.
Laßt uns trinken, lieben, Goethes
Werke lesen und ihn kennen.

Willemers älteste Tochter, Rosette Städel, schrieb: „Sooft fortan die Feuerzeichen des achtzehnten Oktobers dankbar zum Himmel lodern, gedenkt ein kleiner Kreis guter Menschen eines unvergeßlichen Abends. Mögen doch auch Sie sich zuweilen wohlwollend jenes Abends erinnern, und möge dann unter den Bildern, die sich Ihnen darstellen, das einer innigen Verehrerin nicht ganz verwischt sein, die Sie früher bewunderte, nun aber lieben darf, und diese Freude um keinen Preis hingäbe." Meline Scharff, die zweitälteste Tochter, notierte: „Wenn Frankfurter Freunde an Ihrer Erinnerung vorübereilen, so schenken Sie auch einen Blick dem Namen der Sie innigst verehrenden Meline Scharff." Die jüngste Tochter, Max Andreae, schrieb:„Ein freundliches Gesicht erhielt ich vom großen Goethe für einen Honigkuchen. Kann sich doch manches, das größere Gabe gegeben, dessen nicht rühmen."

Zwischen Johann Wolfgang von Goethe und Marianne von Willemer entwickelte sich eine poetische Liebesbeziehung, die ihren Ausdruck in dem „Buch Suleika" findet. Dabei handelt es sich um einen Liebesdialog zwischen Hatem (=Goethe) und Suleika (=Marianne). Eine unvorstellbare geistig-seelische Harmonie empfand Goethe für Marianne, die ihm dichterisch zu antworten wußte. Wie so oft im Leben, die schönen Dinge sind nicht immer von Dauer. Die Beziehung zwischen den beiden war nur die Liebesidylle eines Sommers, an die die Erinnerung jedoch bei beiden ein Leben lang anhielt.

Die Besonderheit der Beziehung zwischen Goethe und Marianne von Willemer lag daran, daß sie mithilfe ihrer chiffrierten Gedichte eine neue emotionale Kommunikation aufbauen konnten.

Goethe selbst schrieb über diese Fähigkeit, sich in Chiffren mitzuteilen: „(...) wenn nämlich zwei Personen, die ein Buch verabreden und indem sie Seiten- und Zeilenzahl zu einem Brief verbinden, gewiß sind, daß der Empfänger mit geringem Bemühen den Sinn zusammenfinden werde. (...) Liebende werden einig, Hafisens Gedichte zum Werkzeug ihres Gefühlswechsels zu legen; sie bezeichnen Seite und Zeile, die ihren gegenwärtigen Zustand ausdrückt, und so entstehen zusammengeschriebene Lieder vom schönsten Ausdruck; herrliche zerstreute Stellen des unschätzbaren Dichters werden durch Leidenschaft und Gefühl verbunden, Neigung und Wahl verleihen dem Ganzen ein inneres Leben, und die Entfernten finden ein tröstliches Ergeben, indem sie ihre Trauer mit Perlen seiner Worte schmücken."

Es gab nicht nur einen umfangreichen Briefwechsel zwischen Marianne von Willemer und Johann Wolfgang von Goethe, sondern auch, wenn man so will, einen poetisch-sinnlich-erotischen Gedankenaustausch, der sich in zahlreichen Gedichten findet.

Aber auch kleine Liebesgaben gingen zwischen Goethe und Marianne hin und her.

Am bekanntesten ist sicherlich das Gedicht „Ginkgo Biloba" mit dem beigelegten Ginkgoblatt.

Ginkgo biloba
Dieses Baums Blatt, der vom Osten
Meinem Garten anvertraut,
Gibt geheimen Sinn zu kosten,
Wie 's den Wissenden erbaut.

Ist es ein lebendig Wesen,
Das sich in sich selbst getrennt?
Sind es zwei, die sich erlesen,
Daß man sie als eines kennt?

Solche Fragen zu erwidern,
Fand ich wohl den rechten Sinn,
Fühlst du nicht an meinen Liedern,
Daß ich eins und doppelt bin?

Im Januar 1831 beklagte Marianne, daß sie Goethe einen Honigtransport zukommen lassen möchte, die Ware jedoch noch nicht eingetroffen sei. „Schon seit Wochen erwarte ich einen kleinen Transport Veltiner Honig, womit ich gerne den werten Freund im neuen Jahr überrascht hätte; seiner Reise über den Splügen müssen sich aber wohl ungewöhnliche Hindernisse entgegenstellen; ich darf mir nicht länger erlauben, ihre Beseitigung abzuwarten. So mögen denn diese Zeilen einstweilen, des Honigseims entbehrend, die ehrlichen, treu gemeinten Wünsche für Ihr Wohl ohne Versäumnis nachholen, und um Verzeihung bitten, wenn sie zu lange gezögert."

Goethe antwortete Marianne wie folgt:

„Die freundliche Hoffnung, die Sie mir geben: von dem köstlichen Honig wieder ein Fäßchen zu erhalten, bewahr ich geheim vor jungen und alten Leckermäulern, die sich an der vorigen Sendung nicht wenig zu Gute taten, um, seiner Zeit, sie mit gleichem Genuß zu überraschen. Wann dieses Labsal aber auch ankommt, so überzeugen Sie sich, daß Ihrer immer wiederholt zum dankbarsten gedacht wird." (25. 1. 1831)

Dann endlich wurde es aber doch noch was mit der Honigsendung. Marianne von Willemer schrieb am 16.2.1831: „Endlich kann ich Ihnen melden, daß der Honig glücklich angelangt und bis Sonntag oder Montag spätestens in Weimar ankommen wird; es wird mich recht erfreuen, wenn er die guten Eigenschaften seines Vorgängers besitzt. Es macht doch wirklich einen wunderlichen Eindruck, wenn man diese Schachteln sieht mit der unverkennbar italienischen Aufschrift; man wird augenblicklich in jenes einsame hohe Bergdorf versetzt, wo sie gefüllt und überschrieben werden, man sucht in Gesellschaft der fleißigen Tierchen die hohen unwirtbaren Felsen auf, man erinnert sich der spärlichen Blumen-Eilande, der überaus schönen blauen Sturmhaube, die den feinen Honig größtenteils liefert, ja man reist von Ort zu Ort den Berg herab bis an den See, über den See, über die Alpen, und so weiter, und sieht mit einigem Befremden diese leblosen Dinge an, wie sie soeben von einem Weg kommen, den man mit Sehnsucht und Neigung überdenkt und durchreist; wird es mir wohl einmal vergönnt?" Am 2. März meldete Goethe, daß die „netten Fäßchen" glücklich angekommen seien.

Am 17. Dezember des Jahres 1831 folgte ein Brief von Marianne, in dem weitere Gegenstände angekündigt werden. „Diesen Zeilen soll unmittelbar ein Topf mit eingemachtem Ingber folgen, der, wie ich hoffe, eben so echt sich bewähren soll als der erste; auch bitte ich mir anzuzeigen, ob ich einige Krüge Mostsenf schicken soll. Haben Sie denn gar keinen Auftrag für mich?"

Diesem Brief vom 17. Dezember war ein Ausschnitt aus dem „Intelligenz-Blatt der freien Stadt Frankfurt" vom 4. Oktober beigelegt, zu Goethes „Ergötzlichkeit", wie Marianne schrieb, „er ist, wenn schon durch die Beziehungen gewissermaßen modern, im alten Geist des Blättchens geschrieben und echt frankforterisch."

Dieser Ausschnitt war eine Anzeige des Schenkwirtes J. D. Müller aus der Frankfurter Kälbergasse, in der er folgende Nachricht verbreitete: „Neben meiner sonstigen bereits rühmlichst bekannten in- und ausländischen Weinen, verzapfe ich in meiner Wirtschaft nunmehr auch einen extra feinen französischen roten Wein (Tavel) per Bostteille zu 32 kr.

Hiernächst resp. verabreiche und renoviere ich jedem meiner verehrten Gästen, welcher meine Wirtschaft recht fleißig besucht, und denn hierin eben so fleißig, entweder von jenem roten, oder von einer andern gleich guten Weinsorte trinkt, und in der Bezahlung hierfür nicht saumselig ist, aus reiner Dankbarkeit desfalls die, nach dem in der Beilage zum hiesigen deutschen Journal No. 263 vom 20. Sept. 1831 enthaltenen Artikel von Berlin vom 16. dess. M. u. dess. J. von dem Herrn Ober-Rabbiner Eiger zu Posen als ein bewährtes wohltätiges Schutzmittel, so besonders empfohlen wordene Senftkörner und trockenes stark mit Knoblauch eingeriebenes Brot, erstere zum Vorgenuß, und letztere zum Nachtragen in der Tasche, beides in der vorgeschriebenen Dosis, gratis und lasse mir hiernach fortan gleich dem getrunken werdenden Wein vorläufig bloß nur noch die etwa als eine Zuspeise besonders verlangt und hierauf verabreicht wordenen Knoblauchwürste und sonstige Wurst-, *Fleisch-, Fisch-*, Mehl etc. etc. Speisen, welche, von nun an, abwechselnd in meiner Wirtschaft stets warm und kalt vorrätig sein werden, gegeben.

Außerdiesem findet man zur ferneren Begünstigung meiner verehrten Wirtsgästen und zur Erzielung und sodemigen Verherrlichung ihres Aufenthaltes unter der Direktion eines großen hiesigen Musikers jeden Mittwoch und Samstag Abend, an welch letzterem auch die hiesige Lieblingsspeise (gebratenen Spansau), die starke Portion zu dem billigen Preis von 20 kr., selten vermißt werden wird, in meiner Wirtschaft eine vollständige und geschickte Harmonie-Musik, wofür man, nach der von mir mit der sie gebenden Kapelle getroffenen Übereinkunft und Abfindung, bei dem bloß nur nach Belieben zu bezahlen braucht.

Als einziger geringer Lohn für diese gewiß ungewöhnliche Wirts-Generosität, wäre mir jetzt am meisten lieb, wenn sich der meiner Wirtschaft seit ihrer Entstehung gewordene zahlreiche Zuspruch nunmehr schnell und bis zu einer alsdann verbleibenden seltenen Größe vermehren würde.

Unter der Versicherung der in meiner Wirtschaft fortwährend beibehalten werdenden besten und billigsten Bedienung, erlaube ich mir daher andurch, zu jener Zuspruchsvermehrung ein verehrungswürdiges hiesiges und auswärtiges Publikum ergebenst einzuladen, und mir hiervon einer geneigtesten Erhörung zu gewärtigen, wofür alsdann stets sehr dankbar sein und verbleiben wird

J. D. Müller, Cauponarius zum Treppchen, Kälbergasse Lit. J No. 109."

Und doch! Goethe hatte Aufträge für Marianne.

„Wenn Sie, meine Beste, wie im Sommer wie auch im Winter für meine Tafel und Haushaltung sorgen wollten, deren persönliche genaue Behandlung Sie komisch finden würden, wenn Sie mich dieses Geschäft notwendig konsequent durchführen sähen: so vermelde ich nächstens einige Wünsche, durch deren Erfüllung ich meinen Gästen wohl ein besonderes Lächeln abgewinnen möchte. Wollen Sie mir indes freundliche Gesichter von meinen Enkeln erwecken, so erbitte mir, etwa im Februar, etwas Offenbacher Pfeffernüsse; bis dahin werden die magenverderblichen Weihnachtsgaben wohl schon aufgespeist sein. Die Menschheit, merke ich, mag noch so sehr zu ihrem höchsten Ziele vorschreiten, die Zuckerbäcker rucken immer nach; indem sich Geist und Herz immerfort reinigt, wird, wie ich fürchte, der Magen immer weiter seiner Verderbnis entgegengeführt." (13. Januar 1832)

Bereits am 29. Januar kündigte Marianne eine Lieferung an: „In einigen Tagen erhalten Sie ein Kistchen mit ganz frischen Pfeffernüssen und Brenten, für die ich nun freundliche Aufnahme bitte, obschon sie eigentlich zu den magenverderblichen Weihnachtsgaben gehören, und ich fast schließen möchte, daß Sie oder die Enkel ein wenig dagegen eingenommen sind; ich kann Sie aber versichern, daß sie in dieser einfachen, schlichten Gestalt weniger schädlich sind, als in der Zeit, wenn sie etwas vorstellen sollen, da gewöhnlich die äußere Form mehr Wert hat als die Masse. Auch etwas Quittenbast habe ich beigepackt, er hält sich lange und ist ganz unschädlich. Möge dies alles Ihnen und Ihren Enkeln zu einiger Freude gereichen!-"

Goethe antwortete: „Die anmutigen Süßigkeiten sind glücklich angekommen und, was wirklich merkwürdig ist, haben Sie durch die obere Schicht eine frühere Geschmackslust Ihres bejahrten Freundes wieder aufgeregt; wenn die andern beiden Schichten, im Gegensatz der trübsten Wintertage, mir sonnenfreundliche Gesichter zu entwickeln nicht verfehlen werden. Was übrigens mich betrifft, so genügt' mir bei Tisch das Wenigste, Einfachste, dächt ich nicht manchmal an die übrigen mitgenießenden Hausgenossen und Gäste. Deswegen möcht ich

Sie jetzt nur um eine mäßige Sendung von Kastanien bitten, von welchen diesen Winter kaum einige Musterbilder zu uns gekommen sind.

Sodann fällt mir aber doch ein: Sie um ein paar Schwartemagen zu bitten, welche, bei mäßiger Kälte, wohl möchten zu transportieren sein. Während meiner Mutter Lebzeiten kamen dergleichen zu gehöriger Zeit regelmäßig an, und nur zwei der ältesten Freunde erinnern sich derselben, als fabelhafter mythologischer Produktionen." (9. Februar 1832)

Marianne ging auf Goethes Bitten ein und schrieb in der zweiten Februarhälfte: „Die fabelhaften mythologischen Produktionen werden nun wohl angekommen sein und ihrer Zeit Ehre bringen, wie ich hoffe; wenn die Kastanien Beifall finden, so sende ich nächstens, oder wünschen Sie vielleicht italienische Maronen? Sie fühlen gewiß, welche Freude Sie mir durch ähnliche Aufträge machen, wie gerne ich alles besorge, wie glücklich mich bei dem Einpacken die Vorstellung macht, daß Sie vielleicht selbst alle die Papiere entfalten und abstreifen und wohl gar zufrieden und wohlwollend an den Commissionair und Packer denken; gewiß darf ich recht bald wieder etwas besorgen."

Marianne von Willemer schrieb über Goethe und charakterisierte ihn wie folgt:

„Den Morgen brachte er allein zu; den Mittag erschien er, auch wenn kein Besuch da war, im Frack. Nachmittags liebte er gemeinsame Spaziergänge, besonders in den Wald, wo er voller Lust und Leben und sehr mitteilend war. Er führte immer ein großes Taschenmesser bei sich, womit er Zweige abschnitt oder aus dem Boden ausstach, was ihm auffiel. Auf Anziehendes im Tier- und Pflanzenreiche machte er gern aufmerksam, besonders auch auf Licht- und Farbenerscheinungen, den Lichtschein um Bäume, die blauen Schatten, die Farben beim Sonnenuntergang. Abends war er am liebenswürdigsten, besonders wenn er in seinem weißflanellenen Rock erschien und vorlas, meist aus seinem immer mehr heranwachsenden Divan. Von seinen ältern Sachen trug er weniger gern etwas vor. ‚Was wollt ihr mit dem alten Zeug!' rief er. Sehr schön las er, wie er auch schön sprach. Aus seinem Munde glaubte man manches erst recht zu verstehen; leicht ward er selbst beim Lesen zu Tränen gerührt. Vor Tische ließ er sich gern Lieder von mir singen. Im Essen und

Trinken war er sehr einfach, hatte aber besondere Neigungen und Gewohnheiten. Salat und Artischocken liebte er vorzüglich... Er führte einen starken Wein mit sich, von dem er um 10 Uhr zum zweiten Frühstücke aus einem mitgebrachten silbernen Becher trank."

Wetterauer Milchzicklein im Gemüsebett

1 Zickleinkeule (ca. 1,2 kg)
Salz, frisch gemahlener Pfeffer
4 Eßlöffel Öl
40 g Butter
4 Knoblauchzehen
1 Thymianzweig

für das Gemüse
12 junge Möhren
12 weiße Spargelstangen
12 neue Kartoffeln
120 g Zuckerschoten
80 g Butter
Salz, etwas Zucker
1 Eßlöffel gehackte Petersilie
2 geschnittene Estragonblätter
25 g Kümmel
1 gehackte Knoblauchzehe
$^{1}/_{2}$ Teelöffel abgeriebene Orangen- und Zitronenschale
25 g Butter

*

Die Zickleinkeule mit Salz und Pfeffer einreiben. Den Backofen auf 200° C vorheizen. Öl und Butter in einem Bräter erhitzen und das Fleisch bei mittlerer Hitze anbraten. Mit etwas Wasser ablöschen, die ungeschälten Knoblauchzehen und den Thymian zugeben. Im Backofen unter häufigem Begießen mit Wasser insgesamt ca. $1/2$ l etwa 1 Stunde braten.

*

Inzwischen Möhren, Spargel und Kartoffeln schälen, die Zuckerschoten putzen, Möhren und Spargel getrennt in jeweils 40 g Butter andünsten, mit Salz und Zucker würzen und kurz durchschwenken. Vom Herd nehmen. Die Zuckerschoten in Salzwasser kochen, Kartoffeln garen und ausdampfen lassen.

*

Das Gemüse und das Fleisch anrichten und gemeinsam im heißen Backofen noch 20 Minuten garen. 5 Minuten vor Ende der Garzeit Zuckerschoten zugeben.

*

Kräuter, Knoblauch, Kümmel und Zitronenschale zusammen fein hacken, die Butter in Flocken unterrühren und in einer Sauteuse aufschäumen lassen und über den fertigen Braten gießen.

*

Anmerkung

Früher war das Fleisch junger Ziegen ein typisches Arme-Leute-Essen. Heute hat man Mühe, es überhaupt zu bekommmen, und man muß dafür tief in die Tasche greifen. Es lohnt sich, denn das Fleisch ist besonders zart und saftig.

Forelle und Steinbutt mit Zucchinisalat

100 g Forellenfilet
100 g Steinbuttfilet
Zitronensaft
10 g Kaviar
Kräutersenf
1 Zucchini
Olivenöl
Basilikum
Salz, Pfeffer aus der Mühle

*

Zucchini kalt abspülen, abtrocknen und die Enden abschneiden. Das Fruchtfleisch in Scheiben schneiden, in erhitztem Öl anbraten. Mit Basilikum, Salz und Pfeffer würzen, als Salat abschmecken.

*

Die Forellen- und Steinbuttfilets sehr dünn schneiden, mit Salz und Pfeffer würzen und mit etwas Zitronensaft marinieren.

*

Das Forellenfilet mit Kaviar, das Steinbuttfilet mit Kräutersenf bestreichen. Beides auf dem Zucchinisalat anrichten.

Von einem Frühstück auf der Wiese, einem Strumpfband und einem Heiratsantrag, der unbeantwortet blieb

Nach dem Tod seiner Frau Christiane (1816) brachte das Leben für Goethe mehr Einsamkeit. Diese wurde unterbrochen durch zahlreiche Kuraufenthalte, vor allem in Böhmen. Zu Goethes Badebekanntschaften gehörte auch die Familie von Levetzow, die er bereits 1806 bei einem Aufenthalt in Karlsbad kennengelernt hatte. Amalie von Levetzow, die drei Töchter, Ulrike, Amelie und Bertha, hatte, besaß mit ihrer Familie in Marienbad ein Haus, in das Kurgäste aufgenommen wurden.

Goethe weilte 1821 in Marienbad, stieg in dem Haus der Levetzows als Kurgast ab. Während dieses Aufenthalts entwikkelte er eine starke Zuneigung zu der 17jährigen Ulrike. Er schenkte ihr den ersten Band seiner „Wanderjahre", las ihr stundenlang aus seinen Werken vor. Es folgten lange gemeinsame Spaziergänge, wobei Goethe merkte, daß Ulrike von seiner Leidenschaft des Steinesammelns nicht ganz so angetan war. Daher legte er zwischen die Mineralien Blumen oder auch Schokolade. Goethe jedenfalls war be- und verzaubert von Ulrike von Levetzow.

Im Sommer des Jahres 1822 weilten die Familie von Levetzow und Goethe wiederum gemeinsam in Marienbad.

„Diesmal wohnte er vom 19. Juni bis zum 22. Juli in dem lieben Hause unter den lieben Menschen. ‚Herrlich Quartier, freundliche Wirte, gute Gesellschaft, hübsche Mädchen, musikalische Liebhaber, angenehme Abendunterhaltung': mit solchen Worten zeichnete er seinem Freunde Zelter seine diesmaligen Ferien. Das Wetter war drei Wochen lang sehr schön; er streifte viel herum und brachte seinem Liebling, Ulriken, mehr als einen Strauß mit nach Hause. Auch diesmal bekam sie ihr Andenken-Buch, die ‚Campagne in Frankreich':

Wie schlimm es einem Freund ergangen,
Davon gibt dieses Buch Bericht;
Nun ist sein tröstendes Verlangen:
Zur guten Zeit vergiß ihn nicht!

Diesmal erregte ihn der Abschied sehr; es war gut, daß gerade ein neuer Freund, Graf Sternberg, ihn begleitete und auf andere Gedanken brachte." (W. Bode, Goethes Liebesleben, S. 293)

Im Sommer 1823 folgte die Fortsetzung von Goethes Liebeswerben. Wiederum kam die Frau von Levetzow mit ihren Töchtern nach Marienbad, wo Goethe bereits anwesend war.

„Die neunzehnjährige Ulrike stand im Mittelpunkt dieses höchst bewegten Lebens. Ihr zu Liebe sah er den Spielen und Tänzen der Jugend zu und raubte er sich den Schlaf vor Mitternacht; an sie richtete er seine Erzählungen und seinen Unterricht am liebsten; er hätte sie sogar gern in seine mineralogischen Studien verstrickt, und um ihr das Besehen der neu erlangten Gesteine angenehmer zu machen, steckte er für sie und die Schwestern ‚duftende, genießbare, tafelförmige Kristallisationen', d. h. Schokolade-Tafeln, dazwischen. Mit ihr und der Familie ging er längere Wege im Freien herum, als seine Kraft sonst erlaubt hätte, zu Hause zeigte er der Jugend Gesellschaftsspiele, die sie noch nicht kannten und spielte selber mit. Auch Neckereien kamen vor; Amelie liebte sie besonders, aber auch die stille Ulrike machte dem alten Herrn einmal zum Scherz Vorwürfe, daß er sie manchmal gar nicht bemerke, wenn sie vorübergehe oder in der Nähe sei. Flugs war die Antwort da:

Du gingst vorüber? ich sah dich nicht?
Du kamst zurück, dich hab' ich nicht gesehen? -
Verlorner, unglücksel'ger Augenblick!
Bin ich denn blind? Wie soll mir Das geschehen?

Doch tröst' ich mich, und du verzeihst mir gern,
Entschuldigung wirst du mit Freude finden;
Ich sehe dich, bist du auch noch so fern!
Und in der Nähe kannst du mir verschwinden.

Ein andrer Zettel aber lautet:

Du hattest längst mir's angetan,
Doch jetzt gewahr' ich neues Leben;
Ein süßer Mund blickt uns gar freundlich an,
Wenn er uns einen Kuß gegeben.

Gewöhnlich nannte er sie sein Töchterchen oder seinen Liebling. Einmal sagte er, er wünschte sich, einen zweiten Sohn zu haben, damit er dies bildsame Kind zur Schwiegertochter bekommen könne. Ein andermal fragte ihn Amelie, wie ihr Kleid ihm gefiele. ‚Es ist sehr hübsch' antwortete er, ‚aber Ulrikens ist hübscher'. Darauf die immer kampfbereite Amelie: ‚Ich hätte gar nicht fragen brauchen, an Ulriken ist ja Alles hübscher.'" (W. Bode, Goethes Liebesleben, S. 298, 299)

Goethe hatte sich als 73jähriger in die 19jährige Ulrike von Levetzow verliebt. Heiratsgedanken lagen in der Luft, die besonders auch vom Herzog Carl August in die Öffentlichkeit getragen wurden. Der Herzog übernahm dabei die Rolle des Brautwerbers, der den Heiratsantrag zu überbringen hatte. Darüber berichtet Ulrike in ihren Lebenserinnerungen:

„Ich sagte schon, daß der Großherzog sehr befreundet mit meinen Großeltern und meiner Mutter war, auch uns hatte er schon als Kinder öfters gesehen; er war mit uns allen sehr freundlich und gnädig, und er war es, welcher meinen Eltern und auch mir sagte, daß ich Goethe heiraten möchte; erst nahmen wir es für Scherz und meinten, daß Goethe sicher nicht daran denke, was er widersprach, und oft wiederholte, ja selbst mir es von der lockendsten Seite schilderte, wie ich die erste Dame am Hof und in Weimar sein würde. Meine Mutter hatte sich aber fest vorgenommen, keine ihrer Töchter zu einer Heirat zu überreden und zu bestimmen, doch sprach sie darüber mit mir und frug mich, ob ich mich wohl dazu geneigt fühle, worauf ich ihr erwiderte: ob sie es wünsche, daß ich es tue; ihre Antwort war: ‚Nein, mein Kind, du bist noch zu jung, um daß ich dich schon jetzt verheiratet sehen möchte; doch ist der Antrag so ehrenvoll, daß ich auch nicht, ohne dich darüber zu fragen, ihn abweisen kann; du mußt es dir überlegen, ob du in einer solchen Lage den Goethe heiraten kannst.' Ich meinte: ‚Ich brauche keine Zeit, zu überlegen, ich hätte Goethe sehr lieb, so wie einen Vater, und wenn er ganz allein da stünde, ich daher glauben dürfte, ihm nützlich zu sein, da wollte ich ihn nehmen; er habe ja aber durch seinen Sohn, welcher verheiratet sei und welcher bei ihm im Haus lebt, eine Familie, welche ich ja verdrängen würde, wenn ich mich an ihre Stelle setzte; er brauche mich nicht, und die Trennung von Mutter, Schwestern und Großeltern würde mir gar zu schwer; ich hätte noch ganz keine Lust zu heiraten.' So war es abgemacht. Goethe selbst sprach nie darüber, weder mit meiner Mutter noch mit mir, wenn er mich auch seinen Liebling nannte, doch meist sein liebes Töchterchen."

Das Ende des Kuraufenthaltes näherte sich, die Familie von Levetzow reiste nach Karlsbad ab. Goethe blieb noch einige Tage. Hier fand er Zerstreuung vor allem durch das Klavierspiel der Polin Maria Szymanowska.

Unter dem Eindruck des Heiratsantrages und der Abreise von Ulrike von Levetzow, des Auftritts der Pianistin Maria Szymanowska, deren Klavierspiel und Schönheit gleichermaßen bezauberte, schrieb er am 18.8.1823:

Die Leidenschaft bringt Leiden! - Wer beschwichtigt
Beklomm'nes Herz, das allzuviel verloren?
Wo sind die Stunden überschnell verflüchtigt?
Vergebens war das Schönste dir erkoren!
Trüb ist der Geist, verworren das Beginnen;
Die hehre Welt, wie schwindet sie den Sinnen!

Da schwebt hervor Musik mit Engelschwingen,
Vergleicht zu Millionen Tön' und Töne,
Des Menschen Wesen durch und durch zu dringen,
Zu überfüllen ihn mit ew'ger Schöne:
Das Auge netzt sich, fühlt im höhern Sehnen
Den Götterwert der Töne wie der Tränen.

Und so das Herz, erleichtert, merkt behende,
Daß es noch lebt und schlägt und möchte schlagen,
Zum reinsten Dank der überreichen Spende,
Sich selbst erwidernd willig darzutragen.
Da fühlte sich - o, daß es ewig bliebe! -
Das Doppelglück der Töne wie der Liebe.

Auch Goethe reiste ab, über Eger nach Karlsbad. Hier wohnte er im selben Haus, in dem auch die Familie von Levetzow wohnte.

Hierüber schrieb Goethe in sein Tagebuch:

„Meldung bei Frau v. Levetzow. Über ihr im 2. Stock vom ‚Goldenen Strauß' eingezogen. Schönes Quartier, schöne Aussicht. Es war ein Wagen mit Früchten und sonstigen Viktualien von Graf Klebelsberg angelangt. Köstliche Feigen und Aprikosen vorgesetzt...

Mit der Familie gegen den Posthof. Abends vor der Türe bei dem Tee. Nachts mit der Familie. Der abnehmende Mond ging sehr klar über dem Dreikreuzberg auf.

26. August. Mit der Familie gefrühstückt. Sodann für mich bis halb zwei Uhr. Nachher Almanache und andere kleine Kupfer mit Ulriken. Nach Fünfen auf Aich gefahren, an der Eger hinauf. Kaffee getrunken. Zurück über den Hammer. Herrlicher Abend ... Verabredung wegen einer Partie nach Einbogen.

27. August. Graf Zenigeo gab auf Ameliens Neckereien einen Tanz-Tee im Sächsischen Saal, wo man vorher sitzend Tee trank und viel Süßigkeiten genoß. Die guten Tänzerinnen und Tänzer, deren nicht viel waren, kamen nicht vom Platze ... Zu der Schluß-Polonaise forderte mich eine polnische Dame zum Tanz auf, den ich mit ihr herumschlich und mir nach und nach beim Damenwechsel die meisten hübschen Kinder in die Hand kamen. Nach 10 Uhr Schicht. Beim Abendessen noch lange beisammen."

Goethes Geburtstag (28. August) fiel auch in diese Karlsbader Zeit. Diesen Geburtstag versuchten die Levetzows ihm so angenehm wie möglich zu machen.

„Frau v. Levetzow verstand, daß Goethe auch im engeren Kreise nicht gefeiert sein wollte. Als er am 28. August zum Früstück herunterkam, ward er also nicht beglückwünscht; aber es stand eine neue Tasse, von einem Efeukranz umgeben, auf seinem Platze.

‚Warum die schöne Tasse?' fragte er und Frau v. Levetzow erwiderte: ‚Damit Sie an unsere Freundschaft erinnert werden. Efeu ist ja deren Sinnbild.'

Goethe reichte ihr die Hand: ‚Wie hübsch! Es soll mir ein liebes Andenken sein.'

Nach dem Frühmahl bestieg man den Wagen; zwei Morgenstunden dauerte die Fahrt. Im ‚Weißen Roß' hatte Goethe, der heute der Gastgeber war, das Mittagessen bestellen lassen; Stadelmann und John kamen mit einem festlichen Dessert nach. Man ging spazieren, ‚durch die neuen Felsenwände, auf's Rathaus, den Meteorstein zu sehen, in die Porzellanfabrik'. Goethe war sehr heiter. Als man sich zum Essen setzte, sah er eine Torte und zwei Flaschen alten Rheinweins, die er nicht angeordnet hatte.

‚Welch' schöner geschenkter Kuchen!' rief er aus.

‚Ich muß doch auch Etwas zu dem Diner beitragen', antwortete Frau v. Levetzow, ‚und da wählte ich Biskuit und einen Wein, welches Sie ja lieben.'

‚Meine aufmerksame kleine Freundin! Aber welch' schönes Glas sehe ich wieder hier? Mit den Namen der lieben Kinder!'

‚Wir wollen über Allem nicht vergessen sein' erwiderte die listige Frau, ‚und Sie sollen sich unser und auch des heutigen schönen Beisammenseins erinnern und immer daran denken.'

Goethe lächelte und dankte. Man aß und trank und scherzte und plauderte. Gegen Ende der Mahlzeit überreichte Stadelmann seinem Herrn einen Pack Briefe, die er aus Karlsbad mitgebracht hatte:

Glückwünsche zum Geburtstage. Goethe las etwas darin und sagte öfters: ‚die lieben Menschen!' oder ‚sehr freundlich und lieb' und Dergleichen. Aber die Damen taten gar nicht neugierig.

In heiterster Laune fuhr man nach Karlsbad zurück; Goethe eignete sich unterwegs, um noch ein weiteres Andenken zu haben, Ulrikens Handschuhe an. Als sie in die Stadt einfuhren, bemerkte man gleich, daß Goethe auf der Wiese erwartet wurde, von Menschen und Musik. Die Mutter winkte ihren Töchtern; sie eilten rasch in ihre Zimmer.

Als der alte Herr am andern Morgen herunterkam, war sein erstes Wort: ‚Nicht wahr, Sie wußten, daß gestern mein Geburtstag war?'

‚Wie sollte ich nicht?' erwiderte Frau v. Levetzow, ‚Sie haben den Tag ja in Ihrer Lebensgeschichte genannt.'

Lachend schlug er sich vor den Kopf und meinte: ‚So wollen wir ihn nun den Tag des öffentlichen Geheimnisses nennen!'" (W. Bode, Goethes Liebesleben, S. 304, 305)

Goethe und die Levetzows verbrachten noch einige schöne Tage in Karlsbad, die mit Spaziergängen, Frühstück auf der Wiese, Festen, Ausflügen und „Torheiten" verbracht wurden. Hierzu gehörten auch neckische Spielchen, für die Goethe auch im hohen Alter immer zu haben war. Über eine Begebenheit schrieb Ulrike:

„Goethe erfreute sich, mit mir und unserem Kreise junger Mädchen zu verkehren. Er lehrte uns Gesellschaftsspiele. Eines Tages saßen wir wieder beisammen, und Goethe schlug folgendes Spiel vor: Ein Mitglied der Gesellschaft muß ein Thema anschlagen und darüber reden. Der Nachbar fährt fort; aber ein anderer hat das Recht, ein Wort einzuwerfen, das in die Erzählung verwoben werden muß, und so geht das Spiel weiter. Ich begann nun von einer schönen Gegend zu reden und spann das Thema aus. Das Spiel ging im Kreise herum, und als ich wieder darankam, warf Goethe das Wort ‚Strumpfband' ein. Ich wurde rot und wußte nicht, was ich sagen sollte. Da lachte Goethe und half mir aus der Verlegenheit, indem er selbst die Erzählung fortsetzte, und zwar ging er sogleich auf den Strumpfband-Orden über."

Paul Schöttner schreibt über den gemeinsamen Aufenthalt in Karlsbad:

„Auch zu Hause gab es allerlei kleine Besorgungen und wenn Ulrike als das fürsogliche Hausmütterchen bisweilen auf dem kleinen Hofe hinter dem Haus für das gemeinsame Mittagessen Vorbereitungen traf, dann fand Goethe mit dem instinktiven Spürsinn des Liebenden auch dorthin seinen Weg, um in der verlassenen Tiefe und Ungestörtheit dieses stillen Winkels kleine Kostproben von den *Köstlichkeiten des bevorstehenden Mittagessens*, aber auch von den Süßigkeiten der Liebe zu naschen." (P. Schöttner, Das ewig Weibliche um Goethe in Karlsbad, S. 341)

Am 4. September 1823 reiste Goethe von Karlsbad ab und begab sich auf den Heimweg. Die enge Verbindung zwischen den Levetzows und Goethe waren ein wichtiger Gesprächsgegenstand in Karlsbad und Marienbad, Goethes Heiratsabsichten waren auch Thema der Gerüchte, die sich mittlerweile auch bis Weimar verbreitet hatten.

Was blieb, war die Tatsache, daß Goethe und Ulrike nie über den Heiratsantrag gesprochen haben und eine Beantwortung offen blieb, aber auch Goethes Liebeslyrik, die sogenannte Marienbader „Elegie". Das „Leben neben Ulrike erschien ihm wie das Paradies, das Leben ohne sie wie die Hölle."

So warst du denn im Paradies empfangen,
Als wärst du wert des ewig schönen Lebens;
Dir blieb kein Wunsch, kein Hoffen, kein Verlangen,
Hier war das Ziel des innigsten Bestrebens,
Und in dem Anschaun dieses einzig Schönen
Versiegte gleich der Quell sehnsüchtiger Tränen.

Wie regte nicht der Tag die raschen Flügel,
Schien die Minuten vor sich herzutreiben!
Der Abendkuß ein treu verbindlich Siegel:
So wird es auch der nächsten Sonne bleiben.
Die Stunden glichen sich in zartem Wandern
Wie Schwestern zwar, doch keine ganz den andern.

Der Kuß, der letzte, grausam süß, zerschneidend
Ein herrliches Geflecht verschlungener Minnen -
Nun eilt, nun stockt der Fuß, die Schwelle meidend,
Als trieb' ein Cherub flammend ihn von hinnen;
Das Auge starrt auf düstren Pfad verdrossen,
Es blickt zurück, die Pforte steht verschlossen.

Linsensalat mit gebratenem Kalbsbries

100 g Linsen
2 Karotten
Sellerie
1 St. Lauch
Balsamico Essig
Salz, Pfeffer, Zucker
etwas Butter

Bries
90 g Kalbsbries
feingesiebtes Weißbrot
Mehl
Ei

*

Die Linsen weichkochen. Die Karotten, den Lauch und Sellerie in feine Würfel schneiden und ebenfalls blanchieren. Das Gemüse abkühlen und unter die Linsen geben. Mit Balsamico-Essig und zerlassener Butter anmachen. Mit Salz, Pfeffer und Zucker abschmecken. Warm anrichten.

*

Das Bries ordentlich wässern und von Haut und Sehnen befreien. Schöne Scheiben schneiden und mit den restlichen Zutaten panieren. In Butter goldgelb anbraten, mit Salz und Pfeffer würzen und auf dem Linsensalat anrichten.

*

Kalbsjus wird aufgeschäumt und über das Bries gegeben.

Gebackene Zucchiniblüte

pro Person 1 Blüte
Salz
Pfeffer aus der Mühle
1 Teelöffel Olivenöl
2 Zucchiniblüten

Bierteig
200 g Mehl
0,25 1 Hefe Weizen
Salz
1 Eßlöffel Zucker
2 Eigelb
50 g zerlassene Butter
2 Eiweiß

Madeirasauce
0,25 1 Gemüsefond
3 Eßlöffel Trüffel
150 g Butterschmalz
2 Eßlöffel rauchzarter Madeira
30 g Butter

*

Den Zucchini in sehr kleine Würfel schneiden, würzen, in Olivenöl rasch ansautieren und abkühlen lassen. Die Zucchiniblüten damit füllen. Mehl, Eigelb und Bier gut miteinander verrühren. Salz, Zucker und Butter dazugeben und zuletzt cremig geschlagenes Eiweiß unterheben. Den Gemüsefond aufkochen, Trüffel und Madeira dazugeben und mit Butter auffüllen.

*

Fertigstellung
Butterschmalz in einer Sauteuse erhitzen, die gefüllten Blüten in den Bierteig tauchen und in Butterschmalz ausbacken. Einmal der Länge nach halbieren. Mit der Sauce servieren.

Pockwite Taube mit Pilzen

2 x Taube, wenn es geht Bluttauben
1 Karotte
50 g Sellerie
1 Schalotte
0,2 l Kalbsfond
2 Eßlöffel Olivenöl
2 Eßlöffel Madeira
1 Thymianzweig
1 Lorbeerblatt
5 Pfefferkörner
Salz
50 g Butter
200 g Pfifferlinge
30 g Butter

*

Das Öl erhitzen und die gewaschenen und in grobe Stücke geschnittenen Gemüse darin anschwitzen. Das Taubenfilet und Keule salzen und darin rasch anziehen lassen. Mit Madeira ablöschen und mit Kalbsfond aufgießen.

*

Die Gewürze dazugeben.

*

Das Taubenfleisch dann 4-5 Minuten garen. Es soll noch rosa sein.

*

Das Fleisch herausnehmen und auf ein Gitter setzen.

*

Den Fond durch ein feines Sieb passieren und zur Hälfte einkochen lassen. Kalte Butterstücke einrühren und im Mixer aufschlagen.

*

Die Pfifferlinge putzen und in der Butter rasch ansautieren, salzen.

*

Nach und nach bei Stufe 2 der Küchenmaschine oder mit dem Teiglöffel die Butter einarbeiten, zuletzt das Salz und den Rum. Den Teig auf der untersten Stufe 15 bis 20 Minuten mit den Knethaken oder den Händen durchkneten, bis ein homogener Teig entstanden ist. Mit etwas Mehl bestäuben, mit Klarsichtfolie abdecken und 20 bis 25 Minuten gehen lassen. Den Backofen auf 220 Grad vorheizen.

*

Den Teig kräftig zusammenschlagen und erneut, mit Folie bedeckt, 20 bis 25 Minuten gehen lassen. Dann den Teig in eine Kastenform oder in andere Formen setzen. Mit ein wenig Mehl bestäuben und zugedeckt gehen lassen, bis sich sein Volumen um drei Viertel vergrößert hat.

*

Eigelb und Milch verquirlen und den Teig damit bestreichen. Die Form auf die zweitoberste Schiene des Backofens schieben. 40 ml kaltes Wasser auf den Ofenboden gießen, die Ofentür sofort schließen, damit der Dampf nicht entweichen kann. Backofen auf 180 Grad herunterschalten. Das Brot ist in etwa 20 Minuten fertig. Kleine Formen backen 12 Minuten, der zu nebeneinanderliegenden Broten geformte Teig etwa 35 Minuten. Brioche auf einem Kuchengitter abkühlen lassen.

Gebackene Erdbeeren auf Rhabarber

500 g Rhabarber
1 Vanillestange, Zimtstange
500 g Erdbeeren, 100 g Zimtzucker

Backteig
360 g Mehl
3/8 l Milch, 50 g Öl, 3 Eigelb
50 g Zucker, Salz
3 Eiweiß, 30 g Zucker

*

Eiweiß mit Zucker aufschlagen und mit dem Grundteig vermischen.

*

Den Rhabarber schälen, waschen, schneiden und mit wenig Wasser, Zucker, Zimtstange und Vanillestange weich dünsten.

*

Die Hälfte des Rhabarbers als Einlage zur Seite stellen, den Rest zusammen mit dem Fond völlig weich kochen und durch ein Sieb streichen.

*

Die gewaschenen Erdbeeren auf einem Tuch abtrocknen, durch den Backteig ziehen, ausbacken und mit Zimtzucker bestreuen.

*

Die gebackenen Erdbeeren auf dem Rhabarbercoulis anrichten.

*

Garnitur: Gedünstete Rhabarberstifte, frische Erdbeeren und Erdbeercoulis.

Goethe - Kurzbiographie

1749 Johann Wolfgang am 28. August in Frankfurt geboren
Vater: Johann Caspar Goethe (1710-1782)
Mutter: Katharina Elisabeth Textor (1731-1808)
Kindheit und Jugend in Frankfurt mit der Schwester Cornelia (1750-1777)

1764 Freundschaft mit „Gretchen"

1765 Oktober Aufnahme des Jurastudiums in Leipzig, eingeschrieben bis 1768
Bekanntschaft mit Gottsched und Gellert
Zeichenunterricht
Liebe zu Käthchen Schönkopf
Gedichte

1768/69 schwere Erkrankung, Rückkehr nach Frankfurt, Erholung

1770 Forsetzung des Studiums in Straßburg
erste Begegnung mit Herder
Liebe zu Friederike Brion in Sesenheim

1771 Abschluß des Studiums mit der Promotion
Rede zum „Shakespeare-Tag"

1771/72 Tätigkeit als Anwalt in Frankfurt

1772 Mai bis September Tätigkeit am Reichskammergericht in Wetzlar
Bekanntschaft mit Charlotte Buff
Götz von Berlichingen

1773/74 zahlreiche literarische Werke:
Urfaust, Werther, Clavigo
Reise nach Düsseldorf

1774 Aufenthalt des Prinzen Carl August aus Weimar in Frankfurt

1775 Liebe zu Lilli Schönemann, Verlobung mit Lilli Schönemann (im Herbst Entlobung)
Mai - Juli erste Schweizreise
November auf Einladung des Herzogs Carl August Übersiedlung nach Weimar; Begegnung mit Sophia von Kalb
Genietreiben
Beziehung zu Charlotte von Stein (1742-1827)

1776 Geheimer Legationsrat in Weimar
Wohnung im Gartenhaus an der Ilm
erste naturwissenschaftliche Studien
Übernahme zahlreicher Verwaltungsaufgaben
Freundschaft mit Herzog Carl August, Herder, Wieland, Knebel

1777 November / Dezember Harzreise

1778 Mai Besuch in Berlin

1779 Kriegskommissär
Direktor des Wegebaus
Geheimer Rat
Reisetätigkeit im Herzogtum

1779/80 Zweite Schweizer Reise mit Herzog Carl August
Bekanntschaft mit Maria Antonia von Branconi
Ernennung zum Geheimen Rat

1780 Besuch von Maria Antonia von Branconi bei Goethe in Weimar

1782 Adelstitel
Übernahme der obersten Finanzbehörde
Wohnung: Haus am Frauenplan

1783 Zweite Harzreise

1784 Dritte Harzreise
Anatomische Studien
Entdeckung des Zwischenkieferknochens

1785 Aufenthalt in Karlsbad
Botanische Studien

1786 Italienreise
Iphigenie auf Tauris (Versfassung)

1787 Aufenthalt in Rom, Neapel
Sizilien; in Rom Bekanntschaft mit „Faustina"
Egmont

1788 Rückkehr aus Italien
Begegnung mit Christiane Vulpius (1765-1816)
gemeinsame Wohnung am Frauenplan
Bruch mit Charlotte von Stein
Aufgabe der Regierungsgeschäfte
Römische Elegien
erste Begegnung mit Friedrich Schiller in Rudolstadt

1789 Geburt des Sohnes August
Torquato Tasso

1790	März bis Juni Italienreise (Venedig) Naturwissenschaftliche Studien: Anatomie, Optik, Botanik *Metamorphose der Pflanzen* Reise nach Schlesien und Polen
1791	bis 1817 Leiter des Weimarer Hoftheaters
1792	Feldzug in Frankreich August bis November Campagne
1793/94	*Reineke Fuchs*
1794	Freundschaft mit Schiller *Wilhelm Meister*
1795	*Unterhaltungen deutscher Ausgewanderten*
1797	Dritte Schweizer Reise Balladen *Hermann und Dorothea*
1798	Herausgabe der Zeitschrift „Die Propyläen" Kauf eines Landgutes bei Weimar
1803	Besuche im Hause Frommann in Jena Tod Herders
1805	Tod Schillers
1806	Besetzung Weimars durch die Franzosen *Faust I* (Fertigstellung) 19. Oktober Heirat mit Christiane Vulpius
1807	erste Begegnung von Goethe mit Bettina Brentano in Weimar (23. April)
1808	Begegnung mit Napoleon in Weimar Tod der Mutter in Frankfurt
1809	*Wahlverwandtschaften*
1810	*Farbenlehre*
1811	Bruch zwischen Goethe und Bettina Brentano
1812	Begegnung mit Beethoven *Dichtung und Wahrheit*
1814	Reise ins Rheinland Bekanntschaft mit Marianne von Willemer
1815	Reise ins Rheinland Staatsminister
1816	Tod von Christiane
1817	Goethes Sohn August heiratet Ottilie von Pogwisch
1818	bis 1820 Sommeraufenthalte in Karlsbad

1819	*Westöstlicher Divan*
1821	bis 1823 Aufenthalte in Marienbad
	Liebe zu Ulrike von Levetzov
	Marienbader Elegie
1827	Tod von Charlotte von Stein
1830	Tod des Sohnes August in Rom
	Abschluß *Faust 2*
1831	*Dichtung und Wahrheit* (Fertigstellung)
1832	22. März Tod
	26. März Beisetzung in der Weimarer Fürstengruft

„Daß aber der Wein von Ewigkeit sei
Daran zweifle ich nicht;
Oder daß er von den Engeln geschaffen sei
Ist vielleicht auch kein Gedicht.
Der Trinkende, wie es auch immer sei,
Blickt Gott frischer ins Angesicht."

Goethe - Literatur

Ahrendt, Dorothee / Gertraud Aepfler: Goethes Gärten in Weimar (Hrsg. von der Stiftung Weimarer Klassik) Leipzig (1994).

Ammer, Andreas (Hrsg.): Johann Wolfgang Goethe, Erotische Gedichte. Gedichte, Skizzen und Fragmente, Frankfurt 1991 (insel taschenbuch 1225).

Biedrzynski, Effi: Goethes Weimar. Das Lexikon der Personen und Schauplätze, (München 3. Aufl. 1994).

Bockholt, Werner, Herbert Frauenberger: Das Johann Wolfgang von Goethe Kochbuch. Ein literarisches Kochbuch, Warendorf 1996.

Bockholt, Werner / Elisabeth Schulte Huxel: Was Sie schon immer über Johann Wolfgang von Goethe wissen wollten, bisher aber nicht zu glauben wagten, (Warendorf 1995).

Bode, Wilhelm: Goethes Leben 1774-1776 Die Geniezeit, Berlin 1922.

Bode, Wilhelm: Goethes Leben 1776-1780 Am Bau der Pyramide seines Daseins, Berlin 1925.

Bode, Wilhelm: Goethes Leben 1781-1786 Pegasus im Joche, Berlin 1925.

Bode, Wilhelm: Goethes Leben im Garten am Stern, Berlin 1909.

Bode, W[ilhelm]: Goethes Liebesleben, Berlin 1914.

Boerner, Peter: Johann Wolfgang von Goethe mit Selbstzeugnissen und Bilddokumenten, dargestellt von Peter Boerner, (Hamburg 1993).

Böttger, Fritz: Bettina von Arnim. Ein Leben zwischen Tag und Traum, (Berlin 3. Aufl. 1990).

Conrady, Karl Otto: Goethe. Leben und Werk, (Frankfurt 1987).

Falk, Johannes: Goethe aus näherem persönlichen Umgange dargestellt. Ein nachgelassenens Werk, Leipzig, 3. Aufl. 1856.

Friedenthal, Richard: Goethe. Sein Leben und seine Zeit, (München 1963).

Goethe, Johann Wolfgang von: Goethes Werke, hrsg. im Aufw. d. Großherzogin Sophie von Sachsen, Weimarer Ausg., Nachdr. d. Ausg. Weimar 1887-1919, München 1987.

Goethe, Johann Wolfgang: Tagebuch der italienischen Reise 1786. Notizen und Briefe aus Italien. Mit Skizzen und Zeichnungen des Autors, hrsg. und erläutert von Christoph Michel, (Frankfurt 1976).

Goethes Briefe an Charlotte von Stein, hrsg. von Hans Heinrich Borcherdt, 2 Bde, Berlin (o. J.).

Goethes Briefe an Charlotte von Stein, hrsg. von Jonas Fränkel (Frankfurt 1988).

Goethe in vertraulichen Briefen seiner Zeitgenossen, zusammengestellt von Wilhelm Bode, I 1749-1793, II 1794-1816, III 1817-1832, Berlin und Weimar 1982.

Goethe im Gespräch, Auswahl und Nachwort von Eduard Korrodi, Zürich (1944).

Goethes Ehe in Briefen. Der Briefwechsel zwischen Goethe und Christiane Vulpius 1792-1816. Herausgegeben von Hans Gerhard Gräf. Mit zeitgenössischen Abbildungen, (Frankfurt 1994).

Mit Goethe durch das Jahr. Ein Kalender für das Jahr 1980, (Auswahl, Anmerkungen und Quellenverzeichnis von Effi Biedrzynski), Zürich u. München (1979).

Gräf, Hans Gerhard (Hrsg.): Goethes Liebesgedichte, herausgegeben von Hans Gerhard Gräf, mit einem Nachwort von Emil Staiger, (Leipzig, Frankfurt 1977).
Günther, Gitta, Wolfgang Schneider, Jürgen Seifert u.a.: Goethe in Weimar. Ein Kapitel deutscher Kulturgeschichte, hrsg. von Karl H. Hahn, Leipzig 2. Aufl. 1991.
Heinemann, Karl: Goethes Mutter. Ein Lebensbild nach den Quellen, Leipzig 4. Aufl. 1893.
Höffner, Johannes: Frau Rat Elisabeth Goethe, geb. Textor, Bielefeld Leipzig 4. Aufl. 1926 (Frauenleben XII).
Hohenstein, Friedrich August: Weimar und Goethe. Ereignisse und Erlebnisse, Berlin (1931).
Janetzki, Ulrich (Hrsg.): Ottilie von Goethe. Goethes Schwiegertochter. Ein Porträt, (Frankfurt 1982) (Die Frau in der Literatur).
Kleßmann, Eckart: Goethe aus der Nähe. Berichte von Zeitgenossen, Darmstadt (2. Aufl. 1995).
Lindheimerin, Anna Margaretha Justina: Das Kochbuch von Goethes Großmutter, hrsg. von Manfred Lemmer, Kommentar und Transkription von Eva Beck, (Frankfurt / M. 1980).
Schaefer, J. W.: Goethe's Leben, Leipzig 3. Aufl. 1877.
Schmölders, Claudia: Mit Goethe durch den Garten. Ein Abc für Gartenfreunde (Frankfurt 1989).
Schöttner, Paul: Das ewig Weibliche um Goethe in Karlsbad, Karlsbad 1930.
Seidel, Siegfried: Wolfgang und Christiane. Goethes Ehe in den neunziger Jahren. Eine Briefauswahl von Siegfried Seidel mit Zeichnungen von Christian Butter, Weimar (2. Aufl. 1990).
Auf den Spuren des jungen Goethe. Bilder aus dem alten Frankfurt. Hrsg. im Auftrag eines alten Frankfurters von Otto Ernst Sutter, Frankfurt 1932.
Stadtlaender, Chris: „Die kleine Welt" am Frauenplan. Der Alltag Goethes mit Christiane Vulpius, Nachwort: Robert Steiger, (Zürich 1987).
Victor, Walther: Die geöffnete Tür. Goethe-Anekdoten, gesammelt und nacherzählt von Walther Victor, (Weimar 1982).
Willemer, Marianne und Johann Jakob: Briefwechsel mit Goethe. Dokumente. Lebens-Chronik. Erläuterungen, hrsg. von Hans-J. Weitz, (Frankfurt 1965).

Rezeptregister

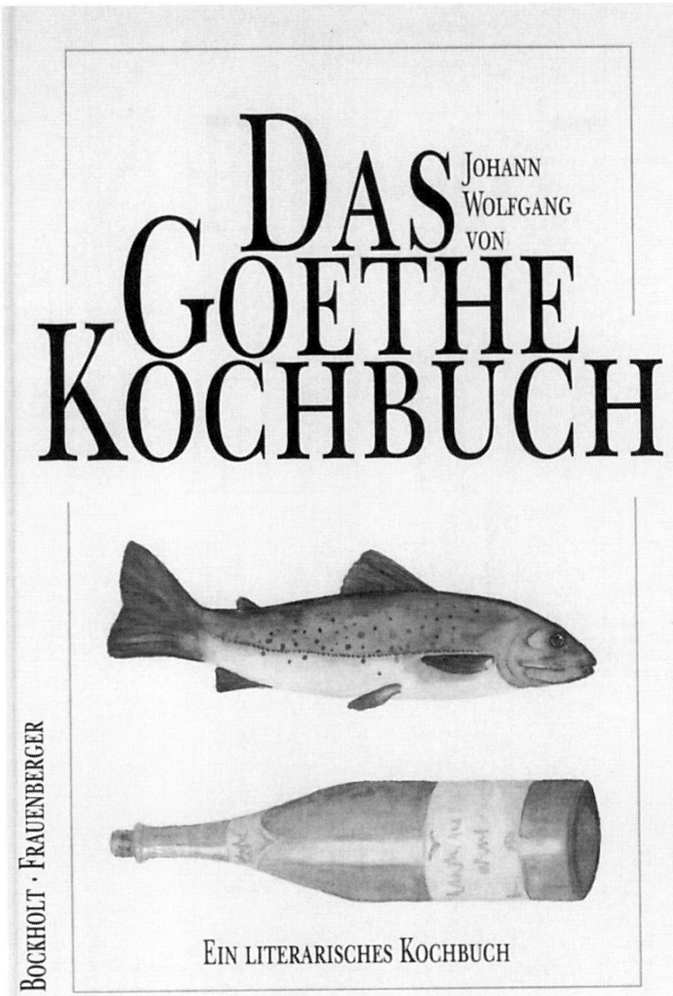

Format 13,5 x 21 cm, 176 S., gb. - ISBN 3-87716-866-3 - 24,80 DM

Format 13,5 x 21 cm, 160 Seiten, gb. - ISBN 3-87716-855-8 - 26,80 DM